나홀로소송, 지급명령신청, 답변서, 준비서면 작성방법 지침서

나홀로
소송방법

편저 : 대한법률콘텐츠연구회

(콘텐츠 제공)

해설 · 최신서식

법문북스

머 리 말

누구든지 못받고 있는 돈이 몇 백만 원에 불과한데 몇 백만 원을 주고 변호사를 선임해야 하는 처지에서 바라본다면 배보다 배꼽이 더 큰 꼴이 될 수 있어 아예 소송 자체를 포기하는 분들이 많습니다.

청구금액이 비교적 적은 소액사건은 대부분 쟁점이 거의 없고 판단이 어렵지 않기 때문에 누구나 쉽게 직접 소송을 할 수 있습니다. 누구든지 직접 소송을 할 수 있도록 법적으로 많이 돕고 있습니다. 법을 잘 모르는 분들도 쉽게 소송을 할 수 있도록 복잡할 소송절차를 대폭 축소시킨 간이소송절차를 마련하여 시행하고 있습니다.

통상의 소송절차에는 그 시일이 오래 걸리고 들어가는 비용도 많이 들기 때문에 승소를 위해서 그만큼 노력을 기울려야 하기 때문에 당사자는 물론 법원에게도 큰 부담이 될 수 있어 현행법은 통상의 소송절차를 축소시킨 간이소송절차를 마련하였습니다. 간이소송절차에는 첫째, '소액사건심판절차', 둘째, '독촉절차 지급명령' 의 이 두 가지를 규정하고 있습니다.

소액사건심판절차를 가리켜 실무에서는 이를 '나홀로 소액 민사소송' 이라고 합니다. 이하, 다음부터는 소액사건심판절차를 '나홀로 소액 민사소송' 으로 줄여 쓰겠습니다. 나홀로 소액 민사소송은 제소한 때의 소송목적의 값(소가)이 3,000만 원을 초과하지 아니하는 금전 기타 대체물(동 종류의 물건으로 바꿀 수 있는 물건 예컨대 대여금, 공사대금, 물품대금, 매매대금, 손해배상금 등)이나 유가증권의 일정한 수량의 지급을 목적으로 하는 소액사건을 보다 간편하고 신속한 재판을 통하여 집행권원을 얻을 수 있도록 마련한 절차입니다.

나홀로 독촉절차 지급명령은 금전 등의 지급을 목적으로 하는 청구권을 실현함에 있어서 채무자에게 지급명령이 송달되어야 하므로 채무자의 인적사항을 알아야 나홀로 소송 지급명명을 신청할 수 있는 등 일정요건이 갖추어지면 통상의 소송에 비하여 매우 저렴한 비용으로 집행권원을 쉽게 얻을 수 있도록 한 절차입니다.

나홀로 소액 민사소송은 쌍방심문에 의하는 판결절차의 일종이고 피고의 인적사항을 알지 못하더라도 기본정보(예컨대, 휴대전화 또는 계좌번호 등)만 알 경우 사실조회를 신청할 수 있고, 피고에게 공시송달의 요건이 갖추어진 경우 공시송달도 신청할 수 있고, 나홀로 소액 민사소송은 소장이 접수되면 소장의 부본이나 제소조서 등본을 첨부하여 피고에게 보내고 청구취지대로 이행하라는 이행권고 결정을 할 수 있기 때문에 피고가 청구권의 다툼의 여지가 적어 변론의 필요성이 현저히 떨어지는 경우에 신속한 재판을 통하여 나홀로소송을 제기해 집행권원을 얻을 수 있습니다.

나홀로 독촉절차 지급명령은 하나의 소송절차임에도 불구하고 소제기가 없고 변론을 하지 않으며 판결이 없다는 점, 당사자를 소환하거나 심문하지 않고 청구원인에 대한 소명방법도 불필요하고 서면심리로 지급명령신청서만을 근거로 하여 지급명령을 발하고 청구금액에는 제한이 없고 통상의 소송에 비하여 인지대가 10분의1밖에 되지 않고 나홀로소송 지급명령을 신청하려면 채무자에 대한 인적사항을 알아야 하고 사실조회나 공시송달이 허용되지 않습니다.

채무자의 인적사항을 알고 있으면 나홀로 지급명령을 신청하고 인적사항을 알지 못하는 경우에 인적사항의 사실조회나 공시송달이 허용되는 나홀로 소액 민사소송을 접수하는 것이 소송비용도 적게 들고 훨씬 더 빨리 끝날 수 있는데 인적사항을 기재하지 않은 채 채무자의 직장 등으로 지급명령이 송달되고 채무자가 이의신청을 하지 않아 지급명령이 확정되었다 하더라도 강제집행을 하려면 동일인(채무자의 주민등록번호)임을 증명하지 못해 강제집행을 할 수 없는 폐단이 생길 수 있기 때문에 채무자의 인적사항을 알아야만 나홀로 지급명령을 신청할 수 있습니다.

누구든지 본서를 통하여 이해하시면 못 받고 있는 돈을 쉽게 받을 수 있습니다.

소송을 직접 하지 않고 전문가의 도움을 받으려면 비용도 비용이지만 마음고색도 심합니다. 돈도 못 받고 있는데 모른다고 해서 마음대로 해결할 수도 없는 입장은 아무도 모릅니다.

본서를 접한 모든 분들은 누구든지 내 사건에 맞게 직접 소장을 작성해 나홀로 소송을 이끌어가 마음대로 승소하고 못 받은 돈을 받을 수 있습니다. 아무쪼록 분쟁에서 유리하게 이끌어내 말끔히 해결하시고 늘 웃으시면서 건강하시기 바랍니다.

나홀로 소송은 시작이 어렵지 시작하면 충분한 공부가 됩니다.

보다 이해하기 쉽게 직접 소송을 하면서 대응하고 즉각적으로 대체할 수 있는 방법은 물론이고 작성하는 방법에서부터 스스로 해결하고 상대방의 주장을 순조롭게 해결하는 방향을 제시해 드리고 있습니다.

대단히 감사합니다.

-　법문북스　-

차 례

본문

제1장 나홀로 소송 절차 방법

1. 소액사건

나홀로 소송 소액은 소액사건심판규칙 제1조의2(소액사건의 범위) 소액사건심판법 제2조 제1항에 따라 제소한 때의 소송목적의 값(소송목적의 값 소가)이 3,000만 원을 초과하지 아니하는 금전 기타 대체물이나 유가증권의 일정한 수량의 지급을 목적으로 하는 제1심의 민사사건을 말합니다. 다만, 소의 변경으로 본문의 경우에 해당하지 아니하게 된 사건, 당사자참가, 중간확인의 소, 반소의 제기 및 변론의 병합으로 인하여 본문의 경우에 해당하지 않는 사건과 병합심리하게 된 사건은 이를 제외합니다.

2. 간이소송절차

통상의 소송절차에는 그 시일이 오래 걸리고 들어가는 비용도 많이 들기 때문에 승소를 위해서 그만큼 노력을 기울려야 하기 때문에 당사자는 물론 법원에게도 큰 부담이 될 수 있어 현행법은 통상의 소송절차를 축소시킨 간이소송절차를 마련하였습니다. 간이소송절차에는 첫째, '소액사건심판절차', 둘째, '독촉절차 지급명령'의 이 두 가지를 규정하고 있습니다.

3. 나홀로 소액 민사소송

소액사건심판절차를 가리켜 실무에서는 이를 '나홀로 소액 민사소송'이라고 합니다. 이하, 다음부터는 소액사건심판절차를 '나홀로 소액 민사소송'으로 줄여 쓰겠습니다. 나홀로 소액 민사소송은 제소한 때의 소송목적의 값(소가)이 3,000만 원을 초과하지 아니하는 금전 기타 대체물(동 종류의 물건으로 바꿀 수 있는 물건 예컨대 대여금, 공사대금, 물품대금, 매매대금, 손해배상금 등)이나 유가증권의 일정한 수량의 지급을 목적으로 하는 소액사건을 보다 간편하고 신속한 재판을 통하여 집행권원을 얻을 수 있도록 마련한 절차입니다.

4. 나홀로 독촉절차 지급명령

나홀로 독촉절차 지급명령은 금전 등의 지급을 목적으로 하는 청구권을 실현함에 있어서 채무자에게 지급명령이 송달되어야 하므로 채무자의 인적사항을 알아야 나홀로소송 지급명령을 신청할 수 있는 등 일정비하여 매우 저렴한 비용으로 집행권원을 쉽게 얻을 수 있도록 한 절차입니다.

5. 나홀로 소액 민사소송과 지급명령신청의 특징

나홀로 소액 민사소송은 쌍방심문에 의하는 판결절차의 일종이고 피고의 인적사항을 알지 못하더라도 기본정보(예컨대, 휴대전화 또는 계좌번호 등)만 알 경우 사실조회를 신청할 수 있고, 피고에게 공시송달의 요건이 갖추어진 경우 공시송달도 신청할 수 있고, 나홀로 소액 민사소송은 소장이 접수되면 소장의 부본이나 제소조서 등본을 첨부하여 피고에게 보내고 청구취지대로 이행하라는 이행권고 결정을 할 수 있기 때문에 피고가 청구권의 다툼의 여지가 적어 변론의 필요성이 현저히 떨어지는 경우에 신속한 재판을 통하여 나홀로소송을 제기해 집행권원을 얻을 수 있습니다.

나홀로 독촉절차 지급명령은 하나의 소송절차임에도 불구하고 소제기가 없고 변론을 하지 않으며 판결이 없다는 점, 당사자를 소환하거나 심문하지 않고 청구원인에 대한 소명방법도 불필요하고 서면심리로 지급명령신청서만을 근거로 하여 지급명령을 발하고 청구금액에는 제한이 없고 통상의 소송에 비하여 인지대가 10분의1밖에 되지 않고 나홀로소송 지급명령을 신청하려면 채무자에 대한 인적사항을 알아야 하고 사실조회나 공시송달이 허용되지 않습니다.

채무자의 인적사항을 알고 있으면 나홀로 지급명령을 신청하고 인적사항을 알지 못하는 경우에 인적사항의 사실조회나 공시송달이 허용되는 나홀로 소액 민사소송을 접수하는 것이 소송비용도 적게 들고 훨씬 더 빨리 끝날 수 있는데 인적사항을 기재하지 않은 채 채무자의 직장 등으로 지급명령이 송달되고 채무자가 이의신청을 하지 않아 지급명령이 확정되었다 하더라도 강제집행을 하려면 동일인(채무자의 주민등록번호)임을 증명하지 못해 강제집행을 할 수 없는 폐단이 생길 수 있기 때문에 채무자의 인적사항을 알아야만 나홀로 지급명령을 신청할 수 있습니다.

6. 나홀로 소송 관할법원

(1) 나홀로 소액 민사소송 관할법원

나홀로 소액 민사소송은 지방법원이나 지방법원지원의 단독판사가 관할하나 시법원이나 군법원이 설치된 관할구역 안의 나홀로 소액 민사소송은 시법원이나 군법원의 판사가 전속적으로 관할합니다.

민사소송법 제8조에 따른 거소지 또는 의무이행지 법원이 관할법원으로 추가됨에 따라 원고는 자기의 주소지를 관할하는 지방법원이나 지방법원지원, 시법원 또는 군법원에도 나홀로 소액 민사소송의 소를 접수할 수 있습니다.

(2) 나홀로 지급명령신청 관할법원

나홀로 지급명령신청에 대한 관할법원은 사물관할과 토지관할이 있는데 사물관할은 소가(청구금액)와 관계없이 시법원이나 군법원의 판사 또는 사법보좌관의 관할입니다.

토지관할은 채무자의 보통재판 적이 있는 곳의 지방법원이나 민사소송법 제7조(근무지)의 제8조(거소지 또는 의무이행지)의 제9조(어음수표의 지급지)의 제12조(영업소 및 사무소)의 제18조(불법행위지)의 규정에 의한 관할법원의 전속관할입니다. 나홀로소송 지급명령신청은 전속관할을 위반하면 다시 관할법원으로 이송을 하지 않고 독촉절차의 특성에 따라 나홀로소송 지급명령의 신청을 각하합니다.

7. 나홀로 소송 인지대 계산 방법 및 송달요금 예납 기준

(1) 나홀로 소액 민사소송의 인지대

나홀로 소액 민사소송에 인지를 붙여야 하는데 인지대의 계산은 나홀로 소액 민사소송의 소제기 시 소송목적의 값(소가)을 정하고 이에 따른 인지액을 아래와 같이 산출하고 그 해당액의 인지를 소액 민사소송 소장의 여백에 붙이거나 현금으로 납부하고 그 납부서를 나홀로 소액 민사소송의 소장에 첨부하시면 됩니다.

소송목적의 값이 1,000만 원 미만,
   소가×0.005 = 인지대,

소송목적의 값이 1,000만 원 미만,
   3,000만 원 미만,(소액사건)
   소가×0.0045+5,000 = 인지대,

붙여야 할 인지대가 1천 원 미만의 경우 1천원의 인지를 붙이고 1천 원 이상일 경우 1백 원의 단수는 계산하지 않고 1만 원 이상일 때는 현금으로 납부하고 그 납부서를 나홀로 소액 민사소송 소장에 첨부하시면 됩니다.

(2) 나홀로 소액 민사소송 송달요금

송달요금 1회분은 2021. 09. 01.부터 금 5,200원으로 송달요금이 인상되었습니다. 나홀로 소액 민사소송의 송달요금은 원고 1인, 피고 1인을 기준으로 하여 각 10회분씩 총 20회분 금 104,000원의 송달요금을 예납하고 그 납부서를 위 인지대 납부서와 같이 나홀로 소액 민사소송의 소장에 첨부하시면 더 이상 들어가는 비용은 없습니다. 그래서 소송비용이 저렴하다는 장점이 있습니다.

(3) 나홀로 지급명령신청 인지대

나홀로 지급명령신청서에는 소제기에 준하여 소송목적의 값(소가)을 정하고 이에 따른 인지액을 아래와 같이 산출하고 해당액의 인지를 나홀로소송 지급명령신청서의 여백에 붙이거나 현금으로 납부하고 납부서를 나홀로 지급명령신청서에 첨부하시면 됩니다.

소송목적의 값이 1,000만 원 미만,
  소가×0.005÷10 = 인지대,

소송목적의 값이 1,000만 원 이상 1억 원 미만,
  소가×0.0045+5,000÷10 = 인지대,

소송목적의 값이 1억 원 이상 10억 원 미만,
  소가×0.0040+55,000÷10 = 인지대,

소송목적의 값이 10억 원 이상
  청구금액 제한 없습니다.

  소가×0.0035+555,000÷10 = 인지대,

나홀로 지급명령신청서에 첨부해야 할 인지대가 1천 원 미만의 경우 1천 원의 인지를 붙이고 1천 원 이상일 경우 1백 원의 단수는 계산하지 않고 1만 원 이상일 때는 현금으로 납부하고 그 납부서를 나홀로 지급명령신청서에 첨부하시면 됩니다.

(4) 나홀로 지급명령신청의 송달요금

나홀로 지급명령신청에는 청구금액에는 상관없이 채권자 1인, 채무자 1인을 기준으로 각 6회분씩 총 12회분 금 62,400원의 송달요금을 예납하고 그 납부서를 위 인지대 납부서와 함께 나홀로 지급명령신청서에 첨부하시면 더 이상 들어가는 비용은 없습니다.

(5) 나홀로 소송 지급명령신청 인지대 송달료 납부방법

나홀로 소송을 제기할 때 인지대나 송달요금의 납부는 관할법원이 지방법원이나 지원의 경우 대부분 수납은행이 상주하기 때문에 수납은행의 창구에 인지대는 소송 등 인지의 현금납부서 3장으로 구성된 용지, 송달료는 송달료 예납추납 납부서 3장으로 각 구성된 용지를 비치하고 있으므로 수납하시면 창구에서 각 납부서 1장과 영수증 1장을 돌려주면 영수증은 잘 보관하시고 납부서는 나홀로 소액 민사소송의 소장이나 나홀로 지급명령신청서에 첨부하여 관할법원에 제출하시면 됩니다.

나홀로 소액 민사소송이나 나홀로 지급명령신청은 시법원이나 군법원이 관할법원이므로 관할법원이 시법원이나 군법원인 경우 대부분 법원에 수납은행이 상주하지 않으므로 대법원사이트에 접속하고 관할법원 찾기에서 해당 시법원이나 군법원의 전화번호와 위치를 확인하고 전화하여 외부에 있는 수납은행의 위치를 확인하여 이동하시면 번거로움을 줄일 수 있고 위와 같은 방법으로 수납하시면 됩니다.

(6) 나홀로소송 인지대 송달료 인터넷에서 납부하는 방법

1. 전자소송 시스템을 통한 납부 (가장 간편)
   - 전자소송 사이트(https://ecfs.scourt.go.kr)에 로그인
     회원가입이 필요합니다.
   - 상단 메뉴에서 [납부/환급] ▷ [소송비용납부] 클릭
     사건번호가 있는 경우 '사건번호' 를 체크하고 번호를 입력 후 조회합니다.
   - 납부할 사건을 체크한 뒤 '납부' 클릭
     인지대, 송달료 등 납부 항목을 선택할 수 있습니다.
     두 항목 모두 체크해 한 번에 납부할 수 있습니다
   - 납부방식 선택
     가상계좌(수수료 없음, 추천)
     계좌이체/신용카드/휴대폰 소액결제(수수료 발생)
     결제정보 입력 후 '납부'를 클릭하면 가상계좌번호가 안내됩니다.

○ 안내받은 가상계좌로 인터넷뱅킹 또는 모바일뱅킹에서 이체
   이체가 완료되면 납부가 끝나며, 전자소송 사이트에서 납부내역을 확인
   할 수 있습니다

2. 신용카드/직불카드 납부
   ○ 금융결제원 인터넷 홈페이지(www.cardrotax.or.kr) 접속
   ○ 신용카드(또는 체크카드)로 인지대·송달료 납부 가능
      단, 직불카드는 신용카드 기능이 있는 경우만 가능하며, 납부대행수수
      료(납부금액의 1%)가 발생합니다.

3. 신한은행 인터넷뱅킹 납부
   ○ 신한은행 인터넷뱅킹 접속
   ○ 법원코드, 납부금액, 주민등록번호, 성명, 환급계좌번호 등 입력 후 납부
      납부영수증을 출력해 제출서류에 첨부하거나, 전자소송 사이트에 파일
      로 첨부할 수 있습니다

4. 납부 시 참고사항
   ○ 전자소송을 이용하면 인지대가 종이소송 대비 10%할인
      금액 계산은 전자소송 사이트에서 자동으로 산출됩니다.
   ○ 송달료는 현금으로만 납부(우표 불가)
      송달료는 당사자 수와 사건 종류에 따라 계산(예를 들어 민사 1심은 당
      사자수×10회분×5,200원)
   ○ 납부영수증은 반드시 보관
      종이소송의 경우 서류에 첨부, 전자소송은 파일로 제출

제2장 나홀로 소액 민사소송 절차

법원은 나홀로 소액 민사소송의 소장이 접수되면 소장의 심사를 거쳐 원고에게 승소할 가능성이 높고 청구취지나 청구원인에 특별이 보정하여야 할 흠결사항이 없으면 소장의 부본이나 제소조서를 첨부하여 피고에게 보내고 청구취지대로 이행하라는 이행권고 결정을 할 수 있습니다.

이행권고 결정을 송달받은 피고는 이행권고 결정을 송달받은 날부터 2주일(14일) 내에 서면으로 이행권고 결정을 발한 그 법원에 이의신청을 할 수 있습니다.

이행권고 결정에 대하여 피고가 2주일(14일) 내에 이의신청을 하지 않았거나 이의신청을 하였으나 후에 이의신청을 취하였거나 이의신청의 기간이 지난 후 이의신청을 하여 각하결정이 확정된 경우 이행권고 결정은 확정됩니다.

확정된 이행권고 결정은 확정판결과 같은 효력이 있다는 것은 기판력은 생기지 않지만 집행력과 확정력이 부여되어 바로 강제집행을 실시할 수 있는 집행권원이 되기 때문에 이로써 나홀로 소액 민사소송은 모두 종료됩니다.

법원은 위와 같이 나홀로 소액 민사소송에 대한 이행권고 결정을 거치지 않거나 이행권고 결정을 송달받은 피고가 이의신청을 한 경우에는 지체 없이 최초의 변론기일을 지정하여야 하고, 되도록 1회의 심리기일로 변론을 종결하고 판결을 선고하도록 규정하고 있으므로 나홀로 소액 민사소송은 저렴한 소송비용으로 누구든지 법을 잘 알지 못하더라도 나홀로소송을 제기하여 신속한 재판을 통해 바로 집행권원을 얻어 채무자의 재산에 강제집행을 할 수 있습니다.

나홀로 소액 민사소송은 시법원이나 군법원이 전속관할이므로 원고가 살고 있는 주소지를 관할하는 지방법원에 나홀로 소장을 접수할 때 시간이 여의치 못할 경우 소장을 작성하고 인터넷이나 가까운 신한은행에서는 인지대와 송달요금을 납부할 수 있으므로 우체국에서 법원으로 발송하시면 대부분 그 다음날이면 법원에 도착하여 접수가 됩니다.

나홀로 소액 민사소송은 법원에 단 한 번도 나가지 않고서도 법원에서 이행권고 결정을 피고에게 송부하고 피고가 이의신청을 하지 않으면 소장을 접수하고 약 1개월 정도면 이행권고 결정이 확정될 수 있고 법원에서 이행권고 결정을 원고에게 보내주면 원고는 바로 이행권고 결정을 가지고 피고의 재산에 강제집행을 실시할 수 있습니다.

피고가 이행권고 결정에 대한 이의신청을 하였다고 하더라도 1회의 심리기일로 변론을 종결하고 그 즉시에서 판결을 선고하기 때문에 별 어려움이 없이 나홀로 소송을 통하여 집행권원을 얻을 수 있습니다.

나홀로 소송은 가족이나 회사의 직원으로 하여금 소송을 대리할 수도 있습니다.

소송대리는 그 위임장이나 가족 또는 직원임을 증명할 수 있는 신분관계를 입증할 자료를 첨부하여 나홀로 소액 민사소송의 재판부에 변론기일에 이르러 법정에서 제출하고 소송대리로 하여금 소송을 끝낼 수도 있습니다.

나홀로소송은 관할법원이 살고 있는 주소지와 거리가 먼 곳에 위치하고 있으면 가까운 곳에 위치한 법원에서 동영상기기를 이용한 재판을 받을 수도 있습니다.

나홀로 소액 민사소송은 원격영상재판의 대상입니다.

1. 인적사항 특정

나홀로 소액 민사소송은 재판의 효력이 미치고 강제집행의 대상이 되는 피고의 인적사항 (1)성명 (2)주소 (3)주민등록번호를 특정하여 소장에 기재하여야 합니다. 피고가 법인의 경우 법인등기사항전부증명서를 발급받아 소장에 첨부하고 법인등록번호와 대표자를 소장에 특정하시면 됩니다.

인적사항을 알지 못하고 피고가 사용하는 휴대전화와 금전거래 당시 피고의 계좌로 송금한 계좌번호 등만 알고 있는 경우 나홀로 소액 민사소송의 소장을 작성할 때 피고의 인적사항 란을 공란으로 작성하고 기본정보를 활용하여 사실조회신청서를 작성해 나홀로 소액 민사소송의 소장과 같이 법원에 제출하시고 사실조회로 피고의 인적사항을 확보하여 공란으로 기재하였던 피고의 당사자표시정정신청을 하시면 나홀로소송이 진행됩니다.

제3장 나홀로 지급명령신청 방법

　나홀로 지급명령은 채권자가 제출한 지급명령신청서만을 근거로 하여 서면심리만으로 지급명령신청의 각하사유만 없으면 채무자에의 이행명령으로 지급명령을 발합니다.

　채무자는 지급명령을 송달받고 2주일(14일) 내에 서면으로 지급명령을 발한 그 법원에 이의신청을 할 수 있습니다. 채무자가 지급명령을 송달받고 2주일(14일) 내에 이의신청을 하지 않았거나 이의신청을 한 후에 채무자가 이의신청을 취하한 경우나 지급명령에 대한 이의신청이 부적법(이의신청기간을 도과한 경우)하여 각하결정이 확정되면 지급명령은 확정되고 확정된 지급명령은 확정판결과 같은 기판력은 생기지 않지만 지급명령에는 집행력과 확정력이 부여되어 강제집행을 할 수 있는 집행권원이 되기 때문에 이로써 나홀로 지급명령신청사건은 모두 종료됩니다.

　법원은 나홀로 지급명령신청서가 접수되면 서면심사를 거쳐 채무자에의 이행명령으로 지급명령을 발하고 채무자에게 지급명령을 발송합니다. 이때 적법하게 지급명령이 채무자에게 송달되면 재판사무시스템에 송달일자를 공증하고 채무자가 이의신청을 하지 않아 지급명령이 확정된 경우 재판사무시스템에 확정일자를 공증합니다. 법원은 지급명령이 확정되면 채권자에게 확정된 지급명령정본을 발송하고 채권자는 지급명령정본을 송달받았으면 바로 강제집행을 할 수 있습니다.

　지급명령이 채무자에게 송달불능 된 때에는 법원은 채권자에게 7일 이내에 채무자에게 지급명령을 송달할 수 있는 주소를 보정하라고 주소보정명령을 합니다. 채권자는 주소보정명령을 가지고 가까운 주민 센터로 가서 채무자의 주민등록초본을 발급받아 채무자가 다른 곳으로 이사를 했으면 이사한 주소지로 주소를 보정을 하시고 채무자가 그 주소지에 그대로 살고 있는 경우 다시 지급명령을 송달하는 재 송달신청을 하거나 채무자가 늦은 시간대에 퇴근하거나 귀가하는 등의 경우에는 소속 집행관으로 하여금 지급명령을 송달하는 특별송달을 신청하시면 됩니다.

채무자가 주민등록만 주소지에 옮겨놓고 실제 다른 곳에 살고 있어서 통상의 방법으로는 지급명령을 송달할 수 없는 경우 바로 소제기를 신청하지 않으면 지급명령신청에서는 공시송달이 허용되지 않으므로 지급명령신청이 각하됩니다.

소제기 신청이 있으면 지급명령신청사건은 바로 통상의 소송절차인 본안재판부로 넘어갑니다.

본안재판장은 채권자가 공시송달에 의한 판결을 받을 목적으로 소제기신청을 하고 지급명령신청사건에 대한 공시송달의 요건이 갖추어졌다면 예를 들어 채무자의 주민등록이 말소되었거나 채무자가 주민등록만 옮겨놓고 실제 다른 곳에서 살고 있어 지급명령을 송달할 수 있는 경우는 공시송달 할 것을 명하고 바로 제1차 변론기일을 지정하고 증거조사를 마치고 변론을 종결할 수 있도록 준비할 것을 명하여야 합니다.

나홀로 지급명령신청이 전속관할을 위반하면 다시 관할법원으로 이송하지 아니하고 지급명령신청을 각하합니다. 나홀로 독촉절차 지급명령신청에 적용될 수 없는 예를 들어 특정물인도청구나 제3자 이의의 소나 청구이의의 소를 지급명령으로 신청한 경우 지급명령신청은 각하됩니다.

지급명령신청 취지로 보아 청구에 정당한 이유가 없는 것이 명확한 경우 예를 들어 이자제한법에 대한 위배된 경우나 불법원인급여의 반환청구는 지급명령신청은 각하됩니다. 지급명령이 공시송달의 방법에 의하지 아니하고는 지급명령을 송달할 수 없는 경우에 청구원인을 소명하지 못한 경우에는 나홀로 지급명령신청을 각하합니다.

제4장 나홀로 소장 작성방법

소장은 민사소송에서 원고가 법원에 판결을 요구하는 공식적인 문서입니다. 법적 절차의 시작점입니다. 그러므로 소장은 정해진 양식과 구성을 따라 작성하여야 합니다.

표제로 "소장" 이라고 명확히 기재하여야 합니다.

소장에는 임의적 기재사항(자신의 주장, 요청사항, 증거방법 등)도 추가할 수 있습니다.

당사자 표시에는 원고와 피고의 성명, 주소, 주민등록번호(또는 사업자등록번호, 법인등록번호), 연락처(휴대전화번호)를 정확히 기재합니다. 법인이나 단체의 경우 정식 명칭과 대표자 자격을 명확히 적습니다.

사건명에는 예를 들어 "대여금 청구의 소", "손해배상 청구의 소", "부당이득금 반환 청구의 소" 등 소송의 목적을 간단히 명시합니다.

사건의 표시(사건명)는 소송 목적이 한눈에 드러나도록 간단명료하게 작성하여야 합니다.

청구취지에는 원고가 법원에 요구하는 판결 내용을 명확하게 서술합니다. 예들 들어 "피고는 원고에게 금 얼마를 지급하라" 라는 식으로 기재하시면 됩니다.

청구취지는 판결 주문과 동일하게 작성해야 하므로, 표현이 명확하고 구체적이어야 합니다. 청구취지 하단으로 소송비용, 가집행 선고 등 부수적 청구도 청구취지에 포함할 수 있습니다.

청구원인에는 청구취지의 근거가 되는 사실관계와 법률적 이유를 육하원칙(누가, 언제, 어디서, 무엇을, 어떻게, 왜)에 맞게 구체적으로 작성합니다.

청구원인은 간결하면서도 사실관계를 빠짐없이 기재해야 하며, 주장하는 사실마다 증거를 첨부하는 것이 아주 좋습니다.

증명방법에는 청구원인을 뒷받침할 증거자료(예컨대, 차용증, 계약서 등)의 명칭과 제출 부수를 기재합니다. 증거는 "갑 제○호증" 등으로 번호를 붙여 명확히 표시합니다.

증거자료는 누락 없이 번호와 명칭, 부수를 정확히 기재해야 하며, 소장 접수 시 부본도 함께 제출해야 합니다.

첨부서류에는 소장에 첨부하는 모든 서류(증거자료, 인지대 납부영수증, 송달료 납부서 등)의 명칭과 부수를 적는 것이 좋습니다.

작성일자 및 작성자에는 소장 작성 날짜와 원고(또는 대리인)의 이름을 기명날인 또는 서명하여야 합니다.

관할 법원 표시에는 소장을 제출할 법원을 표기합니다. 예를 들어"부산지방법원 동부지원 귀중" 이라고 기재하여 제출하시면 됩니다.

1. 소장 작성 실례

(1) 소장

원고 : ○○○(주민등록번호 : 123456 - 1234567)

주소 : 부산시 해운대구 ○○로길 ○○, ○○아파트 ○○○-○○○○호

전화 : 010 - 0000 - 0000

피고 : ○○○(주민등록번호 : 123456 - 2345678)

주소 : 부산시 해운대구 ○○로 ○○, ○○빌라 ○○○호

전화 : 010 - 0000 - 0000

사건명 : 대여금 청구의 소

- 청구취지 -

1. 피고는 원고에게 금 30,000,000원 및 이에 대하여 연월일부터 다 갚는 날까지 연 12%의 비율로 계산한 금원을 지급하라.

2. 소송비용은 피고의 부담으로 한다.

3. 위 제1항은 가집행할 수 있다.

   라는 판결을 구합니다.

- 청구원인 -

1. 원고는 피고의 간곡한 부탁으로 연월일 피고에게 금 30,000,000원을 대여하였고, 변제기는 연월일로 정하였습니다.(갑 제1호증 차용증서 참조)

2. 피고는 변제기일이 훨씬 지나도록 원고에게 변제하지 않아 원고는 피고에게 위 금원 및 이에 대한 지연손해금의 지급을 받고자 이 사건 청구에 이른 것입니다.

- 증명방법 -

1. 갑 제1호증   차용증서

- 첨부서류 -

1. 갑 제1호증   차용증서 1통

2. 소장 부본   1통

3. 인지대 및 송달요금 납부서   1통

○○○○ 년 ○○ 월 ○○ 일

위 원고 : ○ ○ ○ (인)

부산지방법월 동부지원 귀중

　　소장은 당사자, 청구취지, 청구원인, 증거자료, 첨부서류, 작성일자, 관할법원 등을 빠짐 없이 기재해야 하며, 청구취지와 청구원인은 명확하고 구체적으로 작성하는 것이 중요합니다.

　　각종 증거자료와 첨부서류도 누락 없이 준비해야 소송이 원활하게 진행됩니다.

2. 나홀로 지급명령 작성방법

지급명령신청서는 채권자가 채무자에게 금전, 대체물(동 종류의 물건으로 바꿀수 있는 물건), 유가증권 등의 지급을 신속하고 간편하게 청구할 수 있는 민사절차 서류입니다.

표제에는 "지급명령신청서" 라고 기재합니다.

당사자 표시에는 채권자(신청인)의 성명, 주민등록번호, 주소, 연락처를 기재하고 채무자(상대방)의 성명, 주민등록번호, 주소, 연락처를 기재하시면 됩니다.

사건명에는 예를 들어 대여금 청구의 독촉사건이라고 적습니다.

청구금액에는 청구하는 금액(원금), 이자, 독촉절차 비용(송달료, 인지액 등)을 기재하시면 됩니다.

신청취지와 신청원인은 명확하고 구체적으로 작성해야 하며, 법정이율 및 지연손해금 산정 기준을 정확히 기재하여야 합니다.

채무자 인적사항(성명, 주소, 주민등록번호 등)을 정확히 알아야 신청할 수 있습니다.

인적사항을 모르면 지급명령신청이 불가합니다.

인적사항을 기재하지 않은 채 채무자의 직장이나 가족들이 지급명령을 송달받아 지급명령이 확정되었다 하더라도 주민등록번호가 없으면 동일인임을 증명할 수 없어서 강제집행을 할 수 없는 폐단이 생길 수 있으므로 채무자의 인적사항을 알아야 신청할 수 있습니다.

관할법원은 채권자 주소지 관할 지방법원 또는 지원, 시 법원, 군법원에 신청할 수 있습니다. 그러나 지급명령신청은 전속관할이므로 전속관할을 위반하면 다시 관할법원으로 이송하지 않고 지급명령신청은 각하됩니다.

지급명령신청서 제출은 직접 법원 민원실에 방문하여 제출하거나, 전자소송포털(ecfs.scourt.go.kr)을 통해 온라인 제출도 가능합니다.

인지액은 일반 민사소송의 비하여 1/10 수준의 인지액만 부착하면 됩니다.

송달료금은 1회분이 2021. 09. 01.부터 금 5,200원으로 인상되어 지급명령신청에는 송달요금을 청구금액과 상관 없어 채권자 1인, 채무자 1인을 기준으로 하여 각 6회분씩 총 12회분 금 62,400원의 송달요금을 납부하여야 합니다.

3. 지급명령신청서 작성 실례

(1) 지급명령신청서

채권자 : ○○○(주민등록번호: 900101-1234567)

주　소 : 충청남도 보령시 ○○로길 ○○, ○○○호

전　화 : 010 - 1234 - 0000

채무자 : ○○○(주민등록번호: 850505-2345678)

주　소 : 충청남도 보령시 ○○면 ○○로 ○○,

전　화 : 010 - 8765 - 0000

사건명 : 대여금 청구의 독촉사건

청구금액 : 금 30,000,000원정

- 신청취지 -

채무자는 채권자에게 금 30,000,000원 및 이에 대한 연월일부터 지급명령결정정본 송달 일까지는 연 5%, 그 다음날부터 다 갚는 날까지는 연 12%의 각 비율에 의한 금원을 지급하라.

독촉절차비용 금 76,400원

(내역 : 인지대 금 14,000원+송달료금 금 62,400원=76,400원)을 지급하라.

- 신청원인 -

채권자는 연월일 채무자에게 금 30,000,000원을 대여하였고, 변제기일은 연월일로 정하였습니다.

채무자는 변제기일이 훨씬 지나도록 변제하지 않고 있으므로 원금 및 지연이자를 청구합니다.

- 첨부서류 -

차용증 사본	1부
계좌이체내역	1부
인지액, 송달료 영수증	

(지급명령신청서 제출하는 날짜)

위 채권자 ○○○(서명 또는 날인)

(대전지방법원 홍성지원 보령시법원 귀중이라고 기재하시면 됩니다)

4. 당사자표시 작성례

(1) 당사자표시

채권자 : ○○○(주민등록번호: 900101-1234567)

주　소 : 충청남도 보령시 ○○로길 ○○, ○○○호

전　화 : 010 - 1234 - 0000

채무자 : ○○○(주민등록번호: 850505-2345678)

주　소 : 충청남도 보령시 ○○면 ○○로 ○○,

전　화 : 010 - 8765 - 0000

사건명 : 대여금 청구의 독촉사건

청구금액 : 금 30,000,000원정

- 신청취지 -

채무자는 채권자에게 금 30,000,000원 및 이에 대한 연월일부터 지급명령결정정본 송달 일까지는 연 5%, 그 다음날부터 다 갚는 날까지는 연 12%의 각 비율에 의한 금원을 지급하라.

독촉절차비용 금 76,400원 -

(내역 : 인지대 금 14,000원+송달료금 금 62,400원 = 76,400원)을 지급하라.

- 신청원인 -

채권자는 연월일 채무자에게 금 30,000,000원을 대여하였고, 변제기일은 연월일로 정하였습니다.

채무자는 변제기일이 훨씬 지나도록 변제하지 않고 있으므로 원금 및 지연이자를 청구합니다.

제5장 나홀로 소송 금전청구

1. 대여금

(1) 청구취지

예를 들어 원고가 연월일 피고에게 금 3,000만 원을 변제기 연월일, 이자약정 없이 대여한 대여금의 반환을 청구하거나 부대청구 이자(대여 시 약정이자가 있는 경우) 지연손해금 청구하면서 대여금청구로 원고가 청구취지에서 피고는 원고에게 금 3,000만 원을 지급하라. 부대청구로 피고는 원고에게 금 3,000만 원과 이에 대하여 연월일부터 이 사건 소장의 부본이 송달된 날까지는 연 5%의, 그 다음날부터 다 갚는 날까지는 연 12%의 각 비율로 계산한 돈을 지급하라. 연 20%의 이자 약정이 있는 경우 대여금 청구와 부대청구로 피고는 원고에게 금 3,000만 원과 이에 대하여 연월일부터 다 갚는 날까지 연 20%의 비율로 계산한 돈을 지급하라. 소송비용은 피고의 부담으로 한다. 위 제1항은 가집행할 수 있다라는 판결을 구합니다.

법원은 지연손해금(이자) 기간(특히 기산일)이 누락된 경우 예를 들어 3,000만 원 및 이에 대한 소장의 부본이 송달된 날까지는 연 5%의, 그 다음 날부터라고 기간을 누락한 경우 보정권고를 하므로 원고는 언제부터(변제하기로 한 그 다음날부터 기산) 소장의 부본이 송달된 날까지 연 5%를 적용하여 청구하는지 명백히 하여야 합니다.

변제기의 정함이 없고 소제기 전 최고주장이 없는 경우 민법상 소비대차는 일반 채권처럼 원고의 청구(최고) 시가 변제기로 되는 것(만법 제387조 제2항)이 아니라 청구(최고)로부터 상당한 기간이 경과된 시점이 변제기로 되므로(민법 제603조 제2항), 지연손해금의 기산을 소송의 부본이 송달된 다음날로만 기재한 경우에〡는 소장의 부본이 송달된 다음날보다 상당기간 후퇴시키도록 보정권고를 하고 있습니다. 예를 들어 보정권고로 변제기 약정이 없는 경우에는 최고 시로부터 상당한 기간이 경과된 때 변제기가 되는바(민법 제603조 제2항) 소장제출 전에 최고한 적이 있는지 없다면 소장의 부본이 송달된 다음날부터 바로 지연손해금의 지급을 구할 수 있는 법적 근거를 밝힐 것(청구취지가 잘못되었다면 소장의 부본이 송달된 다음날부터 상당기간 지난날부터 지연이자를 구하는 것으로 정정할 것)을 보정권고를 하게 됩니다.

이자약정이 없음에도 무조건 변제기 다음날부터 20% 등의 비율로 이자와 지연손해금을 구하는 경우 소장부본의 송달일까지는 법정이율(민법상 5%' 상법상 6%) 청구하도록 하거나 또는 20% 이율약정이 있음을 주장하도록 보정권고를 합니다. 보정권고로 연 20%를 구하는 법적 근거를 밝혀 달라고 합니다.

(2) 청구원인

소비대차는 대주(원고)가 금전 기타 대체물의 소유권을 상대방에게 이전할 것을 약정하고 동질·동량의 물건을 반환할 것을 약정함으로써 성립합니다(민법 제598조). 소비대차계약은 대차형 계약으로서 목적물을 일정 기간 차주(피고)에게 이용하게 하는 특색이 있으므로 반환시기의 약정은 단순한 법률행위의 부관이 아니라 계약의 불가결한 요소입니다. 따라서 금전소비대차계약의 성립을 위해서는 그것이 확정기한이든 불확정기한이든 아니면 반환시기의 약정이 없든 간에 반환시기에 대한 주장·증명이 있어야 합니다.

반환시기가 대차형 계약의 불가결한 요소인 이상 시기의 도래사실에 대한주장·입증책임은 목적물의 반환을 구하는 원고에게 있습니다. 반환시기가 확정기한인 경우에는 그 도래사실에 관하여 별도의 주장·증명을 하지 않아도 무방하나, 기한 이익 상실 특약의 경우는 특약 약정사실과 특약상 사실요건에 해당하는 사실이 발생한 사실을 주장·증명해야 합니다. 반환시기가 불확정기한인 경우 그 기한으로 정한 사설이 발생한 사실, 예컨대 甲의 사망 시 대여금을 반환하기로 한 경우에는 甲이 사망한 사실을 주장·증명하면 됩니다. 기한의 정함이 없는 경우에는 민법 제603조에서 대주(원고)가 상당한 기간을 정하여 최고하도록 규정하고 있는데 판례는 민법 제603조 제2항이 차주(피고)

의 이익을 보호하기 위하여 차주(피고)에게 최고의 항변권을 부여한 것으로 보고 있습니다.

(3) 이자청구

이자는 원금의 존재를 전제로 그 이용의 대가로서 지급되는 것이므로 원금채권의 발생사실에 대한 주장·증명이 필요합니다. 소비대차계약에서 이자의 약정이 반드시 수반되는 것은 아니므로 이자의 지급을 구하기 위해서는 이자의 약정사실을 증명하여야 합니다. 다만, 이자의 약정이 없더라도 상인영업에 관하여 금전을 대여한 경우에는 6%의 상사 법정이자를 청구할 있습니다(상법 제55조 제1항).

이자는 차주(피고)가 목적물의 인도를 받은 때(당일)부터 기산합니다.

다만 차주(피고)가 책임 있는 사유로 수령을 지체할 때에는 대주(원고)가 이행을 제공한 때로부터 계산하여야 합니다(민법 제600조). 따라서 원고는 대주로서 대여금을 인도한 사실과 인도시기를 주장·증명하거나 원고가 대여금의 이행을 제공한 사실 및 시기 피고가 책임 있는 사유로 대여금의 수령지체한 시실을 주장·증명하면 됩니다.

(4) 지연손해금청구

지연손해금도 원금의 존재를 전제로 하므로 원금채권의 발생사실의 증명이 필요합니다. 지연손해금은 채무자의 이행지체로 인한 것이므로 원고는 반환시기 도과사실을 주장·증명하여야 하는데 반환시기가 확정기한인 경우 기한이 도래한 익일부터 불확정기한인 경우는 채무자가 기한 도래함을 안 다음날부터 반환시기의 정함이 없는 때에는 최고 및 상당기간의 말일이 도과한 때부터 지체책임을 부담합니다.

손해의 발생과 범위는 금전채무불이행의 경우 손해배상액은 법정이율 또는 약정이율에 의하므로(민법 제397조 제1항) 대주(원고)는 특약이 없어도 5%

민사법정이율에 의한 지연손해금을 구할 수 있고 이를 초과하는 약정이율의 약정이 있는 경우에는 이를 증명함으로써 약정이율에 의한 지연손해금을 구할 수 있습니다. 손해배상액을 예정한 경우에는 특별사정으로 인한 손해가 있어도 예정된 배상액만 청구가 가능합니다(민법 제398조).

(5) 주요서증 및 주의사항

주요서증에는 금전소비대차약정서, 차용증, 현금보관증, 여신거래약관 연체이율표 등이 있습니다. 주의할 것은 동업자 1인에게 동업사업과 관련하여 대여한 경우에는 상법 제57조 제1항에 의하여 연대청구가 가능합니다. 비영리사업을 하는 민법상조합(그 업무집행조합원)에게 돈을 대여하였다면 조합원원(조합재산에 집행하기 위하여) 또는 일부(조합원 개인재산에 집행하기 위하여)를 상대로 지분별로 분할청구가 가능합니다.

상속인을 상대로 청구하는 경우 제적·가족관계등록부상의 증명서가 제출되었는지 확인하고 제출되지 않았으면 제출을 촉구하고 제출된 증명서에 따라 법정 상속비율에 맞는 청구인지를 검토하여 청구취지를 정정하도록 보정권고하고 있습니다.

2. 답변서(항변 등)

(1) 대여금의 채권 압류 및 추심항변

대여금 채권이 압류·추심된 경우에는 원고·피고 간의 종전의 채권관계는 그대로 존속하나 추심권한만 원고의 채권자(추심채권자)에게 이전되어 제3채무자(피고) 대한 이행의 소는 추심채권자만이 제기할 있어 채무자(원고)는 피압류채권에 대한 이행소송을 제기할 당사자적격을 상실하므로 압류·추심의 항변은 원고의 청구를 각하하는 본안항변입니다.

어와 달리 대여금채권이 압류·전부된 경우에는 채권이 전부 이전되어 원고는 더 이상 채권자가 아니므로 압류·전부의 항변은 원고의 청구를 기각하는 본안에 관한 항변입니다. 대여금반환채권이 압류·전부되었다는 항변의 요건사실은 갑이 채권자가 되어 원고의 피고에 대한 대여금반환채권에 대하여 어느 법원 몇 호로 압류·전부명령을 받은사실, 압류·전부명령의 결정정본이 연월일 피고에게 송달된 사실, 제3채무자에 대한 송달 및 전부명령이 확정된 사실이며 제3채무자에게 송달된 때에 소급하여 효력이 발생합니다.

그런데 전부명령은 즉시 항고권자인 채무자에게 송달되지 않으면 확정될 수 없으므로 전부명령 확정의 전제로서 채무자에 대한 송달사실도 원칙적으로 주장·증명되어야 합니다. 한편 대여금채권이 단순히 압류·가압류되었음을 들어 항변 할 수는 없습니다. 채권에 가압류가 있더라도 이는 가압류채무자가 제3채무자로부터 현실로 급부를 추심하는 것만을 금지하는 것이므로 가압류채무자는 제3채무자를 상대로 이행의 소를 제기할 수 있고, 법원은 가압류가 되어 었음을 이유로 이를 배척할 수 없습니다. 주요서증으로 압류·전부명령, 압류·추심명령 결정을 첨부하여야 합니다.

(2) 소멸시효 항변(민법 제162조, 상법 제64조)

(가) 소멸시효 항변

대여금채권의 시효소멸을 주장하기 위해서는 대주(원고)가 특정시점에서 당해 권리를 행사할 수 있었던 사실, 그때로부터 소멸시효기간이 도과한 사실을 주장·증명하면 족하고 원용권자가 상대방에게 시효원용의 의사표시를 한 사실을 증명할 필요는 없습니다.

(나) 소멸시효의 주장

소멸시효주장의 법적성격에 관해서는 소멸시효에 었어서 시효기간이 만료되면 권리는 당연히 소멸하지만 시효의 이익을 받는 자가 소송에서 소멸시효의 주장을 하지 아니하면 의사에 반하여 재판할 없고 여기서 시효이익을 받는 자는 시효기간 만료로 인하여 소멸하는 권리의 의무자를 말합니다.

소멸시효를 원용할 수 있는 자는 권리의 소멸에 의하여 직접 이익을 받는 사람인데 주채무가 시효로 소멸한 때에는 보증인도 시효소멸을 원용할 수 있으며, 가등기에 기한 소유권이전등기청구권이 시효의 완성으로 소멸되었다면 가등기 이후에 부동산을 취득한 제3자는 소유권에 기한 방해배제청구로서 가등기권자에 대하여 본등기청구권의 소멸시효를 주장하여 등기의 말소를 구할 수 있습니다.

채무자께 대한 일반채권자는 자기의 채권을 보전하기 위하여 필요한 한도 내에서 채무자를 대위하여 소멸시효 주장을 할 수 있을 뿐 채권자의 지위에서 득자적으로 소멸시효의 주장을 할 수 없습니다. 그리고 채권자대위소송의 제3채무자는 채무자가 채권자에 대하여가지는 항변으로 대항할 수 없으므로 피 보전채권의 소멸시효항변을 원용할 수 없습니다.

(다) 기산점

① 소멸시효의 기산일은 소멸시효 항변의 법률요건을 구성하는 구체적인 실에 해당하므로 이는 변론주의의 적용대상입니다. 따라서 당사자가 주

장하지 않은 때를 기산점으로 하여 소멸시효의 완성을 인정하게 되면 변론주의의 원칙에 위배됩니다. 여기서 '권리를 행사할 있는 때'라 함은 법률상의 장애가 없어진 때를 의미하는 것이므로 사실상 권리의 존재나 권리행사 가능성을 알지 못하였거나 알지 못함에 있어서 과실이 없다는 등의 사정은 시효진행에 영향을 미치지 아니 합니다.

② 구체적으로 살펴보면 확정기한이 있는 경우에는 확정기한이 도래한 대, 불확정기한이 있는 경우에는 기한이 객관적으로 도래한 때, 기한의 정함이 없는 경우에는 채권성립한 때로부터 소멸시효가 진행합니다. 기한의 이익을 상실한다는 내용의 특약이 있는 경우 특별한 사정이 없는 형성권적 기한이익 상실의 특약으로 추정되므로 피고가 기한이익 상실의 특약이 있는 채권의 시효소멸을 주장하기 위해서는 채권자가 기한 이익상실의 특약에 따라 잔존 채권전부에 관한 기한 이익상실의 의사표시를 하고, 그 시점부터 소멸시효기간이 경과한 사실을 주장·증명하여야 합니다. 한편 선택채권은 선택권을 행사할 수 있는 때, 사후구상권은 면책행위를 한 때, 채무불이행으로 인한 손해배상청구권은 채무불이행시가 각각 소멸시효의 기산점입니다. 부당이득반환청구권과 같이 기한의 정함이 없는 채무는 채권성립시가 기산점이 됩니다. 다만 기관의 내부 결의 흠결로 인한 부당이득반환청구권은 공평의 원칙상 외부적으로 객관화된 때부터 소멸시효가 진행된다고 보아 합니다.

(라) 소멸시효기간

소멸시효기간에 관한 근거사실은 당사자가 주장·증명하여야 하는 것이지만 어떤 권리의 소멸시효기간이 얼마나 되는지에 관한 주장은 단순한 법률상의 주장에 불과하므로 변론주의의 적용대상이 되지 않고 법원이 직권으로 판단할 수 있습니다. 일반 민사채권의 소멸시효기간은 10년이고(민법 제162조 제1항) 상사채권의 소멸시효기간은 5년(상법 제64조)이 원칙이지만 일상생활에서 빈번히 발생하는 채권 등에는 민법상 초단기 소멸시효기간이 적용됩니다(민법 제163조, 제164조). 한편 판결에 의하여 확정된 채권은 단기의 소멸시효에 해당한 것이라도 소멸시효는 10년으로 합니다(민법 제165조 제1항).

민법 제165조의 규정은 단기의 소멸시효에 걸리는 것이라도 확정판결을 받은 권리의 소멸시효는 10년으로 한다는 뜻일 뿐 10년보다 장기의 소멸시효를 10년으로 단축한다는 의미도 아니고 본래 소멸시효의 대상이 아닌 권리가 확정판결을 받음으로써 10년의 소멸시효에 걸린다는 뜻도 아닙니다. 지급명령에서 확정된 채권은 단기의 소멸시효에 해당하는 것이라도 소멸시효기간이 10년으로 연장됩니다.

3. 나홀로 양수금 청구

(1) 기본사례

원고(채권양수인)가 피고(제3채무자)에게 양수금을 청구한 경우 예를 들어 '갑'이 피고에 대하여 가진 대출금이나 카드대금 채권을 얼마에 원고가 양수받아 지급을 청구할 수 있습니다.

(2) 청구취지

피고는 원고에게 금 얼마 원 및 이에 대한 연월일부터 이 사건 소장의 부본이 송달된 날까지는 5%의 그 다음날부터 다 갚는 날까지는 연 12%의 비율로 계산한 돈을 지급하라. 라고 기재합니다.

(3) 청구원인

(가) 요건사실

양수금 청구의 요건사실은 첫째, 양도대상채권 발생사실, 둘째, 채권양도계약사실, 셋째, 채무자에 대한 대항요건을 갖춘 사실입니다. 주요서증으로 채권관련문서 차용증서, 대출약정서, 연체내역서, 채권양도양수서, 양도통지서 또는 승낙서를 첨부하여 양도사실을 입증하여야 합니다.

(나) 계약해제(해지)권

예를 들어 3면 계약이나 채무자의 동의에 의하여 성립되는 계약상 지위양도와는 달리, 양도된 채권 외 발생원인이 되는 계약관계를 해제하는 등의 계약상 권리는 원고에게 양도되지 아니 합니다. 임대차계약에서 발생한 임대보증금반환채권이 양도된 경우에는 임대차계약해지권에 대해서 양도인이 행사합니다. 다만 이 경우 양수인인 원고는 양도인을 대위하여 해지권을 행사할 수 있습니다.

(다) 양도통지서

① 양도통지권자

채권양도의 대항요건은 채무자 보호를 위해 양도인이 행함이 원칙입니다. 다만 채권양도통지 권한을 위임받은 양수인이 양도인을 대리하여 채권양도통지를 함에 있어서는 대리의 일반원칙에 따라 명시적 또는 묵시적으로 현명하여야 합니다. 원고(채권 양수인)가 통지한 것으로 되어 있는 경우에는 양도인의 사자(사망)이거나 대리인의 자격이었다는 점을 증명하여야 합니다.

원고가 피고에게 채권양도의 통지를 것으로 되어 있는바, 원고가 양도인의 대리인 또는 사자의 지위에 기하여 양도를 통지하였다는 점을 증명하여야 합니다. 통지대상은 보증인 등 인적 담보가 붙어 있는 채권을 양도하는 경우에는 주 채무자에만 통지해도 되고 보증인에 대한 통지는 불필요합니다.

(라) 피고의 항변 등

양수금 청구 소장을 송달받은 피고는 답변서를 통하여 대상채권이 성질상 양도를 허용하지 아니하는 것이라는 사정 또는 양도인과 사이에 양도금지특약을 하였는데 양수인이 악의 또는 중과실 있음을 들어 항변할 수가 있습니다. 이때 주요서증으로 양도금지특약서를 증거로 처무하면 됩니다.

① 양도항변

양수인이 채권양도로 채무자 이외에 제3자에게 대항하기 위해서는 양도인에 의한 확정일자부 통지나 승낙이 있어야 하므로(민법 제450조 제2항) 채권의 이중양도와 같이 지명채권의 양수인과 양립할 없는 지위에 있는 제3자가 존재하는 경우에 그들 간 권리의 우열은 확정일자 선후에 의해 판단합니다.

따라서 제3채무자인 피고가 확정일자 있는 증서에 의한 원고로의 양도 통지를 받았을 경우에는 이전에 확정일자 있는 증서에 의한 다른 양도 통지 전부명령, 추심명령을 받았음을 이유로 원고의 양수금 청구에 대하여 항변할 수 있습니다.

피고가 확정일자 없는 원고로의 양도통지를 받은 경우에는 이후에 확정 일자 있는 증서에 의한 다른 양도통지 전부명령, 추심명령을 받았다면 이를 이유로 원고의 청구에 대하여 항변이 가능합니다. 다만, 피고가 확정일자 있는 증서에 의한 원고로의 양도통지를 다른 양도통지 등과 동시에 받은 경우에는 원고에게 항변할 없으나 이 경우 피고는 채권자 불확지를 이유로 공탁함으로써 채무를 면할 있습니다. 이 경우 중요서증으로 양도통지서 전부명령, 추심명령, 배달증명서를 첨부하여야 합니다.

② 양도대상채권에 관한 항변

채권양도는 채권이 동일성을 유지하면서 양도인으로부터 양수인에게 이전되는 것이므로 피고는 양도대상채권의 발생에 대한 장애, 소멸, 저지, 등의 사유로서 원고에게 항변할 수 있는데 항변사실에 관한주장·증명책임은 피고가 부담합니다. 양도인이 양도통지만을 한 때에는 첫째, 채무자는 통지를 받은 때까지 양도인에 대하여 생긴 사유로써 양수인에게 항변할 수가 있습니다(민법 제351조 제2항). 둘째, 채무자가 이의를 보류한 승낙을 경우에도 통지를 받은 경우와 동일하나 채무자가 이의를 보류하지 않고 승낙을 경우에는 양도인에게 대항할 있는 사유가 있더라도 이로써 양수인에게 항변할 수 없습니다.

따라서 양도인에게 대항할 수 있는 사유에 기한 피고의 항변에 대하여 양수인인 원고는 피고가 이의를 보류하지 않고 승낙하였다는 사실을 들어 재항변할 수 있고 이에 피고는 원고가 항변사유의 존재를 이미 알았거나 중대한 과실로 알지 못하였다는 사실을 들어 재재항변을 할 수 있습니다.

임대차보증금은 임대차관계가 종료되어 목적물을 반환하는 때까지 임대차관계에 발생하는 임차인의 모든 채무를 담보하는 것으로서 임대인인 피고는 임대차보증금채권이 양도통지 또는 승낙 이후에 발생한 연체차임 손해배상채권 등에 대하여도 공제항변을 할 수 있습니다.

③ 양도통지와 금반언

양도인이 채무자에게 채권양도를 통지한 때에는 아직 양도하지 아니하였거나 그 양도가 무효인 경우에도 선의인 채무자는 양수인에게 대항할 있는 사유로 양도인에게 대항할 수 있는데(민법 제452조 제1항) 이때 통지는 양수인의 동의가 없으면 철회하지 못합니다(만법 제452조 제2항). 이는 채권양도가 불성립 또는 무효인 경우에 선의인 채무자를 보호하기 위함입니다. 따라서 이미 채권양도 통지를 받고 양수인에 대한 변제 등을 한 채무자는 채권양도 무효, 취소를 이유로 한 양도인의 이행청구에 대하여 권리소멸의 항변할 수 있습니다.

④ 양도통지를 받지 못한 경우 항변

금융기관의 대출금이나 카드사의 신용카드이용대금 채권이 금융기관 등에서 대부업체나 채권추심업체로 양도된 경우, 채무자(즉, 대출금이나 카드이용대금을 연체한 사람)는 채권양도 사실에 대한 적법하게 채권양도 통지를 받지 않았다면 새로운 채권자인 대부업체나 채권추심업체에게 그 채무를 변제할 의무가 없습니다.

양도통지를 받지 못했다면, 대부업체나 채권추심업체가 채권자로서 권리를 행사하려면 먼저 적법하게 금융기관이나 카드사가 채무자에게 양도통지를 해야 하며, 대부업체나 채권추심업체가 채권양도 사실을 근거로 채무 변제를 요구하거나 소송(예를 들어 지급명령)을 제기한 경우, 채무자는 이의신청을 하고 답변서를 통하여 "채권양도 통지를 받지 못했다" 는 점을 강력하게 주장하고 청구기각을 구할 수 있습니다.

지급명령 등 법적 절차에서 이의신청을 할 때, 채권양도통지를 송달받지 못했다는 사실과 함께 이미 5년이 경과되어 소멸시효가 완성되었다는 주장도 예비적으로 하는 것이 바람직합니다. 이는 가족 등 동거인이 송달을 받았거나, 송달 자체가 누락된 경우 등 다양한 상황을 대비하기 위함입니다. 만약 대부업체가 적법한 통지 사실을 입증하지 못하면, 채권자로서 권리를 행사할 수 없습니다. 반대로 채무자가 양도통지 미 송달을 주장할 때는, 해당 사실을 입증할 책임이 있습니다.

소멸시효기간 동안 채권자(금융기관이나 카드사 등)로부터 연락(전화, 우편, 소송 등)을 받지 않았다면 소멸시효가 완성되었을 가능성이 아주 높습니다. 근거자료가 없으면 대부업체나 채권추심업체나 채권자(금융기관이나 카드사 등)에게 채무확인서, 채권양도통지서 등 관련 채권증빙서류를 법원에 제출하라는 석명을 구하는 등 소멸시효 기간 등을 꼼꼼히 확인해야 합니다.

채권자는 정당한 사유가 없는 한 이에 응해야 합니다.

소멸시효가 완성된 사실이 확인되면, 이의신청을 하고 답변서를 통하여 소멸시효 완성을 주장하고 변제를 거절할 수 있습니다. 소멸시효가 완성된 채권은 갚지 않아도 되며, 시효 완성 여부를 꼼꼼히 확인하고, 지급명령 등 법적 절차가 진행될 경우 반드시 기한 내에 이의신청을 해야 합니다. 다시 말해서 채무자가 일부라도 변제하거나 각서를 작성하면 시효가 다시 부활할 수 있으니 각별히 주의해야 합니다.

제6장 나홀로 소송 답변서 작성방법

1. 답변서의 의의

답변서는 피고가 원고의 소장에 대하여 그 청구에 대한 배척을 구하는 취지의 반대신청 또는 그에 대한 이유를 기재한 준비서면의 성격을 갖는 서면을 의미합니다.

그래서 실무에서는 피고가 법원에 제출하는 최초의 준비서면을 답변서라고 합니다.

2. 답변서의 제출의무

피고가 원고의 청구에 대하여 다투는 경우에는 공시송달의 방법에 따라 소장의 부본을 송달받지 않은 이상 소장의 부본을 송달받은 날부터 30일 이내에 답변서를 제출하여야 합니다.

3. 변론 없이 하는 판결

피고가 (1)소장의 부본을 송달받은 날부터 30일 이내에 답변서를 제출하지 않거나 (2)청구원인이 된 사실을 모두 자백하는 취지의 답변서를 제출하고 따로 항변을 하지 아니한 경우, 법원은 원고의 청구원인이 된 사실을 자백한 것으로 보고 변론 없이 판결하기 위하여 선고기일을 지정합니다.

피고가 답변서를 제출하였다고 하더라도 그 답변서 내용이 무 자력 항변이거나 변제기한의 유예만을 요청하는 등 실질적으로 원고의 청구를 인정하는 것인 때에는, 법원은 판결 선고 기일의 지정 또는 제1회 변론기일을 지정하여 당사자에게 통지함에 있어서는 제1회 변론기일과 선고기일을 일괄 지정하여 통지할 수 있습니다.

4. 답변서의 작성요령

답변서에는 준비서면에 관한 사항을 준용하도록 규정되어 있습니다.

민사소송법이 요구하는 기재사항을 그대로 반영한 답변서의 작성요령은 다음과 같습니다.

㉠ 표지 - 답변서

㉡ 사건 - 사건번호 사건명

㉢ 원고 - 성명

㉣ 피고 - 성명을 간략하게 표시하여야 합니다.

㉤ 위 사건에 관하여 피고는 다음과 같이 답변합니다.

㉥ - 다음 -

㉦ 청구취지에 대한 답변

　① 원고의 청구를 기각한다.

　② 소송비용은 원고의 부담으로 한다.

　③ 라는 판결을 구합니다.

답변서에는 준비서면과는 달리 원고의 청구취지에 대한 답변을 따로 기재하여야
합니다.

㉧ - 청구원인에 대한 답변 -

　① 다툼이 없는 사실 원고가 주장하는 각 사실 중 어느 부분의 사실은 다툼
　　이 없지만, 다음에서 말씀 드리는 이 사건의 경우에 반하는 나머지 각
　　사실은 일 응 부인합니다.

　② 이 사건의 경위(중략)

　③ (중략)

　④ (중략)

　⑤ (중략) 이상과 같이 원고의 청구는 이유 없으므로 이를 모두 기각하여 주
　　시기 바랍니다.

　⑥ 라고 기재하시면 됩니다.

사건별로 쟁점, 진행경과 및 효과적인 접근방법이 다양하므로 모든 사건에 공통
적인 모범적인 준비서면의 작성례를 답변서에 제시하는 것은 어렵습니다.

원고의 청구원인을 면밀히 분석하여 인정할 부분과 부인할 부분을 미리 구분하여 부인할 부분에 대하여 구체적인 이유를 밝혀야 하고, 인정할 부분에 대하여도 항변사유가 있으면 항변과 동시에 그에 대한 이유를 밝혀야 합니다.

이러한 목적 때문에 다툼이 없는 사실 부분을 형식적이나마 별도의 목차로 잡고 답변서를 작성하는 것이 바람직합니다.

원고의 사실관계의 주장이 터무니없는 경우에는 따로 목차를 잡아 '이 사건 경위'를 정리하는 것도 한 가지 방법입니다.

그러나 답변서는 너무 장황해져서는 아니 되며 원고의 주장과 차이가 있는 부분에 관해서는 증거방법에 의하여 답변서의 주장이 제대로 뒷받침되어야 효과적입니다.

기본적으로는 쟁점 위주로 논리적인 순서에 따라 큰 목차를 잡아 정리해 답변서를 작성하는 것이 효과적일 때가 상당히 많습니다.

또한 한 가지 쟁점 내에서는

(1)쟁점정리

(2)원고의 주장 요지

(3)원고의 주장에 대한 반박

(4)소결의 순서로 논리를 구성하는 것도 좋은 방법이고 바람직합니다.

피고에게 아무리 유리하고 원고의 청구가 잘못된 것이라 하더라도 판단은 재판장의 몫이기 때문에 피고는 답변서를 통하여 감정적이거나 원고를 자극하는 거친 표현은 일체 자제하여야 좋은 결과를 기대할 수 있습니다.

ㅈ - 입증방법 -

① 을제1호증 사실확인서

② 을제2호증 영수증

③ 등 등 이라고 기재하시고 공격방어방법에 대응하는 증거방법을 답변서에 이를 원용하고 첨부하여야 합니다.

서증을 제출할 때에는 상대방의 수에 1을 더한 수의 사본을 함께 제출하여야 하며, 서증의 사본에 원본과 틀림없다는 취지를 적고 기명날인 또는 서명을 하여야 하고, 전자소송의 경우에는 전자소송 홈페이지에서 정하는 방식에 의하여 제출하시면 됩니다.

    ⓩ - 첨부서류 -

     ① 위 입증방법 각 1통으로 기재하시면 됩니다.

답변서를 작성하고 법원에 제출가능 한 날짜를 말미에 제출연월일을 기재하여야 합니다.

    ㋋ 피고 성명을 기재하고 기명날인 또는 서명하여야 하지만 전자소송의 경우에는 전자서명으로 대체할 수 있습니다.

    ㋍ 본안소송 계속법원을 답변서의 하단 중앙으로 예를 들어 지방법원 민사 몇 단독 귀중이라고 기재하여야 합니다.

5. 피고의 항변의 종류

(1) 권리 장해적 항변

처음부터 성립할 수 없게 하는 사실을 주장하는 것이므로 무효주장을 말할 수 있는데 아래와 같습니다.

①의사능력의 흠결 ②강행법규의 위반 ③통정허위표시 ④공서양속의 위반 ⑤불공정한 법률행위 ⑥원시적 이행불능 ⑦불법원인급여

(2) 권리 멸각적 항변

원고가 주장하는 권리가 일단 성립된 뒤 소멸시키는 사실을 말할 수 있는데 아래와 같습니다.

①변제 ②대물변제 ③상계 ④면제 ⑤소멸시효의 완성 ⑥공탁 ⑦혼동 ⑧해제조건의 성취 ⑨해제 또는 해지권의 행사 ⑩취소권 ⑪후 발적 이행불능 ⑫제3자에의 권리 양도 ⑬시효취득의 완성

(3) 권리 저지적 항변

원고가 주장하는 권리가 발생하여 존속하고 있으나 그 행사를 저지시킬 수 있는 사실을 주장할 수 있는데 아래와 같습니다.

①유치권의 항변 ②동이이행의 항변 ③기한의 유예 ④보증인의 최고·검색의 항변권 ⑤목적물인도청구에 있어서 권원에 의한 점유 ⑥정지조건부의 미성취

소송에서 권리를 주장하는 쪽을 원고, 의무를 부담하는 자로 지정된 자를 피고라고 하고, 원고가 구하는 권리의 내용과 이유를 청구원인이라고 하고, 그에 대해 피고가 청구원인은 이유가 없다고 반박하는 것을 항변이라고 하는데 청구와 그에 대한 피고의 반박주장이 이루어집니다.

피고로서는 예를 들어 대여금 청구소송의 소장을 받고 당황스러움과 현실도피 등 여러 사유로 무대응으로 일관하는 분들이 상당히 많습니다. 민사소송은 원고와 피고 모두 상호 대등한 상태에서 법적 판단을 구하는 절차이므로 소송의 대응에 게을리 한다면 결국 본인에게 불리한 결과만 생깁니다.

소장을 받았으면 소장을 정확하고 꼼꼼하게 확인하고 원고의 청구를 인정할 것인지 부인할 것인지를 항목별로 자세히 살펴봐야 합니다. 답변서에는 피고가 주장하고자 하는 내용과 함께 그 주장을 입증할 자료가 준비되셨으면 답변서에 모두 원용하고 답변서와 함께 제출하시면 더 좋습니다.

대여금은 대부분 변제 완료의 항변이 가장 많습니다.

예를 들어 이미 원고가 청구한 대여금을 모두 변제했다면 원고의 청구권은 당연히 상실되었음을 답변서를 통하여 강력히 주장하여야 합니다. 이때 변제하거나 돈을 갚았다는 서증(예를 들어 변제한 영수증 또는 돈을 보낸 송금영수증 등)을 첨부하여야 합니다.

변제하였다는 항변을 피고가 답변서를 통하여 하면 피고가 변제사실을 입증하여야 합니다.

다음으로는 원고가 청구한 대여금은 소멸시효가 완성되어 청구권이 소멸된 채권도 상당히 많습니다. 일반 민사대여금의 경우 소멸시효는 10년간 이를 행사하지 않으면 소멸되고, 금융기관에서 돈을 빌린 대출금이라면 소멸시효가 5년으로 완성되고, 공사대금이나 물품대금 또는 관리비는 3년간 이를 행사하지 않으면 소멸시효가 완성되어 청구권이 소멸됩니다.

상속으로 대여금이 상속되었다면 상속인으로서 상속포기나 한정승인의 경우에는 법원에서 심판청구에 대한 결정서를 답변서에 첨부하여 청구권이 없음을 강력히 주장할 수 있습니다.

원고가 청구한 대여금은 이미 원고에게 직접 변제할 수 없었던 사유로 법원에 변제공탁을 하였다면 그 변제공탁서를 답변서에 첨부하고 청구권이 없음을 주장할 수 있습니다.

소송을 하기 위해서 가장 먼저 알아야 할 것은 '요건사실' 입니다. 다음은 '주장과 입증' 입니다. 그리고 그 다음에는 '항변과 부인'을 알아야 소송을 할 수 있습니다.

(4) 항변(주장)

소송을 하는 사람은 항변을 알아야 합니다.'항변'은 원고가 주장하는 요건사실 즉 권리근거사실을 피고가 인정하면서 이와는 반대로 다른 효과가 생기게 하는 다른 요건사실을 주장하는 것을 말합니다.

예를 들어 원고가 피고를 상대로 대여금을 청구하면 피고가 답변서를 통하여 '돈을 빌린 것은 맞는데 이미 갚았습니다.' 또는'공사대금이나 물품대금은 맞지만 이미 다 갚았습니다.'이런 주장을 하는데 이것은 변제항변을 하는 것입니다.

소멸시효 항변은 피고가 답변서를 통하여'돈을 빌린 것은 맞는데 이미 변제기일로부터 이 사건 소장을 접수한 날까지는 10년이 경과되어 소멸시효가 완성되었으므로 원고의 이 사건 청구를 기각해 주시기 바랍니다.'이런 주장을 하면 이것은 일반대여금의 '소멸시효 항변'이라고 합니다.

금융기관의 대출금이나 카드사의 신용카드이용대금을 원고가 양수받아 청구한 경우 피고가 답변서를 통하여 '금융기관의 대출금이나 카드사의 신용카드이용대금은 맞는데 이미 연체일로부터 이 사건 소장이 접수된 날까지는 5년이 경과되어 소멸시효가 완성된 것이므로 원고의 이 사건 청구를 기각하여 주시기 바랍니다.'라고 기재하시면 이것은 상사채권의 '소멸시효 항변' 이라고 합니다.

공사대금이나 물품대금 또는 관리비를 원고가 피고에게 청구한 경우 피고가 답변서를 통하여 '공사대금이나 물품대금 또는 관리비는 맞지만 지급하기로 한 날부터 이 사건 소장이 접수된 날까지는 이미 3년이 경과되어 소멸시효가 완성되었으므로 원고의 이 사건 청구를 기각하여 주시기 바랍니다.'라고 기재하시면 이것은 단기 상사채권의 '소멸시효 항변'을 하는 것입니다.

그러므로 항변은 원고의 주장은 맞지만 다른 사실이 있어 원고의 청구를 부인하는 것입니다.

(5) 부인(주장)

그러면 '부인' 이라는 것은 예를 들어 원고가 피고에게 대여금청구 소송을 하면 피고가 답변서를 통하여 '대여금이 아니라 증여받은 것입니다.' 또는 '원고가 피고에게 어려울 때 보태 쓰라고 그냥 준 증여받은 것입니다.' 아니면 '대여금이 아니라 원고가 투자한 투자금입니다.'이런 주장을 하면 이것은 항변을 하는 것이 아니라 원고가 피고에게 대여해준 것이 아니라는 것을 그냥 부인한 것이므로, 원고의 청구원인을 그냥 부인한 것이기에 이를 '부인' 이라고 합니다.

그러면 항변과 부인을 구별하는 이유는 바로 입증책임 때문입니다.

(6) 입증책임

항변의 경우는 원고의 청구원인을 피고가 인정했으므로 원고는 입증을 할 필요가 없고 새로운 사실을 피고가 항변으로 주장했으므로 (1)변제항변이든 (2)소멸시효 항변이든 그 사실을 피고가 입증을 하여야 합니다.

하지만 부인의 경우는 원고의 청구원인을 피고가 그냥 부인한 것에 불과하므로 여전히 원고가 대여금이라는 것을 입증해야 하지 피고가 증여라거나 투자라는 사실을 입증할 필요가 없습니다.

피고가 원고의 청구원인을 부인한 것이므로 대여사실을 여전히 원고가 입증해야 하고 원고가 입증을 못하면 원고가 소송에 지고 피고가 소송에서 이기는 것입니다,

6. 항변의 기재방법

항변권이란 상대방의 주장을 저지하는 하나의 이의 권으로, 실무에서는 항변권을 '권리행사 저지의 항변' 으로 표현하기도 합니다.

즉, 청구권 행사를 저지할 수 있는 권리로 권리행사에 대한 방어라는 의미에서 반대권이라고도 하고 있습니다. 항변권은 상대방의 권리를 부인하거나 변경, 소멸시키는 것이 아니라 상대방의 권리는 인정하면서 그 작용을 저지하는 점에서 특수한 형성권에 속한다고 할 수 있습니다.

항변권은 저지의 효력에 따라 (1)연기적 항변권 (2)영구적 항변권으로 나누어집니다.

연기적 항변권은 청구권의 행사를 일시적으로 저지하는 이의 권이므로 그 일시적 사유가 소멸된 후에는 더 이상 청구권 행사를 저지할 수 없습니다.

예컨대 채권으로는 채무자의 동시이행의 항변권(민법 제536조), 보증인의 최고·검색의 항변권(제437조)이 있습니다.

물권으로는 유치권자의 유치권(제320조)이 있습니다.

영구적 항변권은 일단 발생한 청구권을 영구적으로 저지하는 이의 권이므로 예컨대 상속인의 한정승인의 항변권(제1028조)이 있습니다.

한편, 항변권은 민사소송법상의 방어 방법인 항변과 구별합니다.

항변은 상대방의 권리 자체를 소멸시키는 것으로, 원고가 주장하는 법률효과의 발생에 장해가 되는 사실을 주장하는 (1)권리 장해적(權利障害的) 항변, 원고가 주장하는 법률효과를 소멸시키는 사실을 주장하는 (2)권리 멸각적(權利滅却的) 항변, (3)청구권의 행사를 일시적으로 저지하는 권리 저지적 항변 등이 있습니다.

그리고 항변은 법원이 직접 직권으로 조사해야 하는 반면, 항변권은 그 권리자가 소송에서 이를 원용해야 합니다.

항변은 재판 외에서도 행사할 수 있고 재판상으로도 행사할 수 있습니다.

(1) 대여금 청구소송에 대한 피고의 항변

대여금 소송에서는 원고가 돈을 피고에게 빌려준 사실(금원을 대여한 사실)과 갚기로 한 날짜가 지났다는 사실(변제기가 도래했다는 사실)을 원고가 스스로 입증하여야 합니다.

원고는 소장에 위 사실들에 대해 명시적으로 기재하면서 입증자료를 첨부하여 제출하고, 피고는 소장을 송달받은 후 30일 안에 채권자 주장에 대한 답변서를 제출하여야 합니다.

피고가 채무를 인정하고 별다른 항변을 하지 않는다면 조기에 그 소송이 종결되겠지만 피고가 돈을 빌린 사실이 없다거나 빌렸어도 이미 갚았다고 답변서를 써내거나 그냥 쓰라고 준 증여라고 주장하면 변론기일이 수차례 열리면서 치열한 법적공방이 오갈 수밖에 없습니다.

돈을 빌려준 사실에 대해서는 차용증이나 이행각서 등이 있으면 매우 쉽게 입증이 가능하지만, 잘 알고 지내는 사이일 경우 대부분은 차용증을 받지 않고 청구하는 소송이 대부분입니다.

피고로서는 소장을 보고 차용증이나 서증의 문서자료가 첨부되어 있지 않다면 반드시 강력하게 항변을 하여야 합니다.

보통 가까운 지인들 사이에 돈 거래가 많고 그러한 경우 차용증을 쓰지 않고 그저 믿고 빌려주는 경우가 대부분입니다.

원고는 차용증과 같은 직접 증거가 없다면 간접증거를 통해 대여금관계를 입증할 수밖에 없는데, 돈이 오갔다는 계좌이체내역과 함께 채무자가 채무를 인정하였거나 채무를 승인하는 문자메시지나 카카오 톡 또는 통화녹취록을 제출하고 나올 수 있습니다.

그러나 차용증이나 각서나 현금보관증은 직접증거이지만 계좌이체영수증이나 문자메시지 또는 통화녹취록 등은 간접증거일 뿐입니다.

피고로서는 설사 직접증거를 제외한 간접증거만 있는 경우 답변서를 작성할 때, 예를 들어 "네가 빌려준 돈 ....원 조만간 돈 생기는 대로 갚을 게" 등 피고가 본인의 채무를 인정하는 내용의 문자메시지나 통화내용이 있고 존재한다하더라도 이는 "애초 대여금관계가 아닌 그냥 쓰라고 준 증여관계였지만 원고와 갑자기 관계가 틀어지고 난 후 돌려달라고 말하여 도의적 차원에서 한 말이라고 항변" 하면 피고가 소송에서 승소할 수 있습니다.

또 피고로서는 원고의 강압에 의해서 한 말이라고 둘러대거나 그 문자의 내막을 해명하는 간접증거들을 취합해서 답변서에 원용하여 제출하면 별 무리없이 벗어날 수 있습니다.

답변서는 그때그때 상황에 따라 잘 구사하고 조리 있게 항변하여 둘러대는 것도 하나의 소송기술입니다.

이렇듯 피고 쪽에서 강하게 저항해야 하고 단순한 대여금관계가 아니라 차용증이 없다면 무조건 그냥 준 증여라고 항변하면 이 소송은 사건이 복잡하고 길어질 수밖에 없고 결국 차용증이 없는 원고에게 불리한 소송이 될 수밖에 없습니다.

재판부에서는 원칙적으로 차용증이나 각서 또는 현금보관증 등의 직접증거에 입각한 판단을 내리겠지만 차용증 등이 작성되지 않아 대여금인지 증여인지 여부가 치열하게 다퉈지는 사건에서는 원고 보다는 피고에게 유리하게 소송을 이끌어 가기 때문에 피고가 처음으로 내는 답변서는 매우 중요한 역할을 하게 됩니다.

(2) 청구에 대응한 항변 방법

임대인이 임대차계약기간 종료를 이유로 임차인에게 계약해지를 통보하였을 때, 임차인은 계약서상 약속대로 건물을 비워주어야 합니다.

보통 계약서에는 "인테리어 등 시설을 모두 철거하여 원상복구" 하도록 기재되어 있기 때문에, 충분한 임대기간을 보장받지 못한 임차인 입장에서는 건물명도에 강한 저항을 하는 것이 보통입니다.

임대인이 부득이 건물명도소송을 제기했을 때, 임차인 입장에서 별다른 근거 없이 건물 명도를 지연시키기란 대단히 어렵습니다.

이러한 경우 임차인이 "시설비가 많이 들었으니 그 돈을 돌려 달라. 돌려받을 시설비 금액은 감정평가로 확정하겠다."는 주장으로 항변하거나 명도소송에 대하여 반소를 제기하는 것입니다.

여기서, 시설비가 무엇이고 법적으로 어떤 의미를 가지는지에 대해 검토할 필요가 있습니다. 한편 피고로서는 시설비 항변을 이유로 소송을 끌면서 임대인인 소유권자의 권리를 침해하는 것이 정당한지에 대해서도 판단해 볼 필요가 있습니다.

시설비는 법적인 용어는 아닙니다.

일반적으로 "시설을 하는데 소요되는 비용" 정도로 정의내릴 수 있는데 이런 정의는 너무 막연한 것입니다.

시설비를 세부적으로 나누어 보면 (1)임차부동산의 보존을 위하여 지출한 비용인 "필요비"(원상유지 또는 원상회복에 필요하거나 통상의 용도에 적합한 상태로 보존하기 위해 지출한 비용), (2)임차부동산의 객관적 가치를 증가시키기 위하여 투입한 비용인 "유익비"(투입물건이 부동산의 구성부분을 이루어 독립성이 상실됨), (3)임차부동산에 부속된 물건으로 건물의 편익을 가져오기는 하나 부동산의 구성부분이 되지 않은 독립한 물건인 "부속물", (4)위 3가지

어디에도 속하지 않고 오로지 임차인의 편익을 위하여 소요된 비용을 "인테리어 비" 등으로 볼 수 있습니다.

먼저 "필요비"는 임차인과는 상관없이 임대인이 자신의 건물의 보존을 위하여 지출해야 되는 비용으로, 만약 임차인이 인테리어를 하는 김에 한꺼번에 지출해버렸다면 임대인에게 그 비용을 당연히 청구할 수 있는 것입니다.

예컨대 레스토랑으로 임차한 건물에 비가 새고 스며들면 방수공사가 필요할 경우 당연히 건물주인 임대인이 그 수리비용을 부담해야 하고 이 비용을 임차인이 지출했다면 임대인에게 당연히 달라고 요구할 수 있는 것입니다.

이에 반해 "유익 비"는 건물의 객관적인 가치를 증가시키는 것이기는 하지만 필요비처럼 필수적으로 소요되는 비용은 아닙니다.

때문에, 임차인이 유익 비를 지출했다면 즉시 돌려달라고 하기는 좀 어렵다고 보아야 합니다.

다만, 임대차 종료 시 그 가액의 증가가 현존하는 경우라면, 지출한 금액이나 증가액을 돌려달라고 청구할 수 있습니다.

임차인에게 유익비상환청구권이 없다면 임차인의 비용으로 인해 객관적으로 건물의 가치가 증가되었는데도 불구하고, 임대인이 부당한 이득을 얻게 되는 결과가 발생하기 때문에, 공평의 견지에서 유익비상환청구권을 인정하고 있는 것입니다.

말하자면 임차인이 건물을 도색하였다면 이를 유익비로 판단하여 임대차 종료 시 임대인에게 그 비용을 청구할 수 있는 것입니다.

그래서 임대인으로서는 경험이 많을 경우 임대차계약서상에 유익 비 포기약정을 많이 하고 있는 실정입니다.

즉, 임대차계약서에 부동문자 또는 특약사항으로 "임차인은 임대인의 승인 하에 개축 또는 변조할 수 있으나 부동산의 반환기일 전에 임차인의 부담으로 원상 복구한다."는 취지의 약정이 있는 경우, 유익비상환청구권을 포기하는 합의로 해석할 수 있기 때문에, 실제로 반환받기가 쉽지는 않다는 점을 각별히 유의해야 할 부분입니다.

임대차계약서상에 이러한 유익 비 포기규정이 없고 유익비로 인정이 된다면, 임차인은 유익 비를 상환 받을 때까지 누구에게나 대항할 수 있는 물권인 유치권을 행사할 수 있기 때문에 아주 강력한 무기가 될 수 있습니다.

따라서 임대인이 임대차부동산을 제3자에게 매도하더라도, 임차인은 그 유익비를 반환받을 때까지 모조건 제3자에게도 유치권을 행사할 수 있습니다.

이러한 유익 비의 대상이 되는 부분이 건물전체에 분산되어 있을 경우에 사실상 물건 전체를 유치하는 효과마저 낼 수 있는 것입니다.

또한"부속물"은 분리가 가능한 유리출입문이라든지 알루미늄새시 등 임차인의 영업에 필요한 시설이지만, 건물의 객관적 가치증대에 많은 도움이 되는 물건으로 건물과는 독립된 물건으로 취급됩니다.

임차인이 영업을 하려면 누가 알루미늄새시나 유리출입문을 달거나 시설하지 않으면 장사를 할 수 없는데 이것이 '부속물' 로 분리할 수 있습니다.

임차인이 임대인의 동의(묵시적으로 동의를 하였다면)를 얻어 설치했다면, 임대차 종료 시에 임대인에게 그 대금으로 이를 매수하라고 청구할 수 있습니다. 이를 가리켜 부속물매수청구권이라고 부릅니다.

이러한 부속물 매수청구권은 강행규정이기 때문에 계약서에 포기한다는 약정이 있어도 여전히 청구할 수 있는 권리가 있습니다.

다만"인테리어 비"는 그야말로, 임대인의 건물과는 아무런 상관없이 오로지 임차인의 영업에 필요한 시설비입니다. 건물을 임차하여 시설을 할 경우 대부분은 단순한 인테리어 비용에 해당됩니다.

실무에서는 임차인이 사용한 시설비가 위와 같이 어디에 속하는지를 정확하게 판단하기가 어려운 경우가 더러 있습니다.

보통은 시설비 대부분은 인테리어 비의 범주에 해당된다고 추정됩니다.

왜냐하면, 임차인이 굳이 필요비에 해당하는 부분을 자기의 돈을 들여서 설치하지는 않을 것이고, 유익 비는 포기약정에 의해서 청구할 수 없는 경우가 대부분이기 때문입니다.

부속물 역시 "건물과 독립되었으나 부속된 물건으로 건물의 편익을 가져오는 물건"임을 입증하기가 쉽지 않고 실무에서도 인정되는 사례가 드물며, 가사 인정된다 하더라도, 떼어내기 어려움에도 불구, 인부들로 하여금 건물과 분리하여 가져가라고 주장할 수도 있기 때문입니다.

그래서 시설비의 대부분은 임차인을 위한 인테리어 비용으로 추정되는 것이 실무의 자연스러운 관행입니다.

재판부는 명도소송이 제기되면 가급적 빨리 종결시키려고 하는 태도를 보이는데, 임차권은 한시적 사용권으로 기간이 정해져 있는 채권에 불과하다는 점, 소유권을 존중한다는 점에서 볼 때 이는 타당한 태도로 보입니다.

그럼에도 불구하고, 명도소송을 지연시킬 목적으로 임차인들이 부속물 매수 청구권이나 유익 비 상환을 이유로 항변하는 경우라면, 가급적 재판부를 설득시킬만한 증거를 갖추어 답변서를 작성하고 제출하거나 반소를 제기하는 것이 바람직합니다.

예컨대 시설비를 많이 투입하였다면 가급적이면 임대기한을 장기로 확보하는 것이 유리하고, 불가피하게 소송을 당할 경우, 유익 비 또는 시설비에 해당할 여지가 많다는 취지의 증거를 수집하여 재판부를 설득시키려는 자세로 답변서를 작성하면 얼마든지 목적을 달성할 수 있습니다.

제7장 나홀로 준비서면 작성방법

소장이 법원에 제출되면 소송이 시작됩니다.

제1심의 소송절차는 모두 소장의 제출에 의하여 소송이 개시되고, 소장을 중심으로 하여 원고의 공격과 피고의 방어가 전개됩니다. 법원은 소장이 접수되면 재판장의 소장 심사를 거쳐 소장의 부본을 피고에게 송달하고 피고가 원고의 청구를 다투는 경우에는 소장의 부본을 송달받은 날부터 30일 내에 답변서를 제출하게 합니다.

피고가 답변서를 제출하면 재판장이 답변서를 검토하여 답변내용에 따라 사건을 변론준비절차에 부침과 동시에 답변서의 부본을 원고에게 보내고 3주간의 기간을 정하여 반박 준비서면을 제출하게 하고 원고가 준비서면을 제출하면 다시 피고에게 보내고 3주간의 기간을 정하여 재반박 준비서면을 제출하게 하여 이를 교환하게 하고 쟁점을 정리함과 아울러 변론을 종결합니다.

준비서면은 당사자가 변론에서 진술하고자 하는 사항을 미리 기재하여 법원에 제출하는 서면을 말합니다. 준비서면은 원고나 피고가 소송이 제기된 후 변론이 종결될 때까지 수시로 법원에 대하여 주장 또는 설명하여야 할 사항을 개진하는 역할을 하는 것으로서 증거절차와 아울러 변론의 핵심이라 할 수 있습니다.

준비서면에는 공격·방어방법에 해당하는 당사자의 주장은 물론 증거의 탄핵이나 설명, 법률적 견해의 설명 등을 법원에 대하여 주장하고자 하는 모든 사항을 기재하여 제출합니다. 그러므로 준비서면은 변론주의의 원칙상 법률요건을 충족하기 위한 주요사실에 관한 주장을 누락하여서는 아니 됩니다.

요건사실에 해당하는 사실에 관하여 당사자가 입증 활동을 하면서도 이러한 사실을 준비서면 등으로 주장하지 아니한 경우 법원으로서는 그 사실에 기하여 판단할 수 없음이 원칙입니다.

소송 당사자는 소송에 대하여 법원에 변론을 하여야 하므로 사실상 및 법률상의 주장과 증거의 신청도 법정에서 구두(말)로 변론하는 것이 원칙입니다. 그러나 소송의 실제에서는 같은 기일에 수많은 사건을 심리하기 때문에 당사자가 법정에서 진술하고자 하는 사항을 하나도 빠짐없이 구술(말)로 진술하는 것은 시간적인 제약이 있습니다. 구술(말)로 법정에서 진술하는 것을 청취하는 것만으로는 재판장이나 상대방이 그 진술의 내용을 정확하게 파악하기도 쉽지만 않습니다. 그래서 변론기일 전에 미리 당사자에게 변론에서 주장하고자 하는 바를 준비서면에 기재하여 법원에 제출하게 하고 그것을 상대방에게 송달하여 두면 법원이나 상대방으로서는 도래할 기일의 변론내용을 미리 알 수가 있으므로 그 진술에 대하여 석명이나 응답의 준비를 할 수 있으므로 변론을 집중하여 소송의 심리를 촉진합니다.

당사자로서는 자신의 주장을 소송기록상 명확히 하여 두기 위하여도 준비서면을 작성하여 제출할 필요가 있습니다. 구술(말)로 변론하고 준비서면을 작성해 제출하지 않을 경우 조서의 녹취가 정확하지 않으면 법관의 경질이나 당사자의 항소제기로 상급심으로 이심된 경우 기록에 남아 있지 아니한 주장은 소송자료로 사용될 수 없습니다.

1. 석명을 구한 답변

소장이나 답변서 또는 준비서면에서 상대방의 주장이 분명하지 않은 점이 있으면 그 부분에 대하여는 우선 준비서면을 통하여 재판부에 석명을 구하고 상대방의 해명이 있은 뒤에 준비서면을 통하여 밝히는 것이 좋습니다. 그것을 그대로 두고 당사자가 자기의 짐작이나 추측에 따라 주장을 하게 되면 후일 상대방이 석명을 한 결과가 엉뚱한 것으로 만드는 수가 있습니다.

2. 입증책임

항변의 경우는 원고의 청구원인을 피고가 인정한 것이므로 원고는 청구원인을 입증할 필요는 없고 새로운 사실을 피고가 항변으로 주장했으므로 (1)변제항변이든 (2)소멸시효 항변이든 그 사실을 피고가 스스로 입증을 하여야 합니다.

부인의 경우는 원고의 청구원인을 피고가 그냥 부인한 것에 불과하므로 여전히 원고가 예를 들어 청구원인을 입증해야 하지 피고가 항변으로 주장한증여라거나 투자라는 사실을 입증할 필요는 없습니다.

부인은 피고가 원고에 대한 청구원인을 부인한 것이므로 원고가 청구원인을 여전히 입증해야 하고 원고가 입증하지 못하면 원고가 소송에 지고 피고가 소송에서 이기는 것입니다,

3. 문서송부촉탁신청

소송을 통하여 문서송부촉탁은 문서의 제출의무가 있든 없든 가리지 않고 그 문서의 소지자를 상대로 그 문서를 법원에 송부하여 줄 것을 촉탁하는 절차입니다.

당사자의 주장 사실을 입증하기 위해서 국가기관, 법인, 학교, 병원 등이 보관하고 있는 문서를 서증으로 제출하고자 할 경우에 흔히 이용되고 있습니다.

4. 문서제출명령신청

문서제출명령은 문서제출의무를 부담하는 상대방 또는 제3자가 서증으로 제출할 문서를 소지하고 있기 때문에 직접 제출할 수 없는 경우 당사자의 신청에 따라 법원이 그 문서의 제출을 명하는 절차입니다.

문서제출명령신청서에는 문서의 표시와 취지, 소지자, 증명할 사실, 제출의무의 원인을 명시하여야 합니다. 개정된 민사소송법은 문서소지자에 대한 문서제출의무를 확대하여 원칙적으로 증언의 거절사유와 일정한 사유(형사소추, 치욕, 직무비밀, 직업비밀 등)가 있는 문서와 공무원이 직무상 보관하는 문서를 제외하고는 모든 문서를 제출하도록 하였습니다.

5. 사실조회촉탁신청

주장사실을 입증하기 위하여 사실조회촉탁신청은 공공기관, 학교, 병원, 그 밖의 단체·개인 또는 외국의 공공기관에 그 업무에 속하는 사항에 관하여 필요한 조사 또는 보관중인 문서의 사실조회결과를 촉탁하여 증거를 수집하는 절차입니다.

6. 서증의 제출방법

서증을 법원에 제출할 때에는 상대방의 수에 1을 더한 수만큼 사본을 제출 하도록 하고, 그 제출 시기는 서증신청을 함과 동시에 제출함을 원칙으로 합니다.

서증에는 서증의 첫 페이지 왼쪽 또는 오른쪽의 중간 상단부분에 원고가 제출하는 경우'갑 제○호증'이라 번호를 붙여야 합니다. 피고가 제출하는 경우'을 제○호증'이라 번호를 붙여 가면 됩니다. 또한, 같은 종류의 서증이 여러 개인 경우'갑 제○호증의 1', '을 제○호증의 1'라는 식으로'갑 제○호증', '을 제○호증'이라는 하나의 모 번호 내에서 다시 가지번호를 붙여 나갑니다.

그리고 서증을 등본이나 원본이 아닌 사본으로 제출하는 경우에는 위와 같이 서증번호를 붙이는 것 외에도 그 첫 장과 끝장 사이에 일일이 간인을 하고, 끝장 하단 여백에"원본과 상위 없음. 원고 ○○○"라고 적어 넣은 다음 도장을 찍어야 합니다. 피고에게 줄 서증 사본에도 같은 표시를 하는 것이 좋습니다.

7. 서증인부

증거로 서증이 제출되면 법원은 상대방에게 그것이 진정한 것인가의 여부를 물을 수도 있는데 이때 대답하는 방법은 첫째, 성립인정, 둘째, 부인, 셋째, 부지 등으로 대답할 수 있습니다.

성립인정은 상대방이 주장하는 바와 같이 작성자가 작성한 문서라는 사실을 인정한다는 취지이고, 부인은 작성자로 주장된 사람이 작성하지 아니한 것이라는 취지이며, 부지는 작성자라고 주장된 사람이 작성한 것인지, 아니면 가짜인지 알 수 없다는 취지입니다.

8. 증인

증인은 사건을 목격하거나 경험한 사실에 대해 법원에 진술할 것을 명령받은 사람으로서 당사자 외에 제3자를 의미합니다.

9. 증인신문의 종류

　증인신문의 종류는 아래와 같이 세 가지 구분됩니다. 법원은 증인별 입증취지 및 당사자와의 관계 등을 고려하여 하나의 방식을 정하게 됩니다.

　① 증인진술서 제출방식

　　효율적인 증인신문을 위하여 필요하다고 인정하는 때에 증인을 신청한 당사자에게 증인진술서를 제출할 수 있게 하는 방식으로 신청인이 주 신문을 서면으로 작성한 증인진술서를 제출하면 이를 상대방에게 미리 송달하여 반대신문 사항을 준비할 수 있게 합니다. 법정에서는 반대신문을 중심으로 진행하는 효율적이고 실질적인 증인신문 방식입니다.

　② 증인신문사항 제출방식

　　증인진술서 방식이 부적당한 경우에, 신청인이 미리 작성한 증인신문 사항에 따라 주 신문이 이루어지고 상대방이 주 신문에 대한 반대신문을 하고 이후 재판장의 신문으로 진행되는 증인신문 방식입니다.

　③ 서면에 의한 증언방식

　　증인과 증명할 사항의 내용 등을 고려하여 상당하다고 인정하는 때에는 출석과 증언에 갈음하여 증언할 사항을 적은 서면을 제출할 수 있게 하는 방식으로 공시송달사건이나 피고가 형식적인 답변서만을 제출하고 출석하지 아니하는 사건과 같이 적극적으로 다투지 아니하는 사건에 흔히 채택되는 방식입니다.

10. 증인신청방법 및 절차

　① 기일 전에 증인신문신청서를 법원에 제출합니다.

　　증인신문신청서에 증인별로 입증취지 및 당사자와의 관계를 명확히 밝히고 증인의 출석 여부 확인 및 연락 가능한 휴대전화번호 등을 함께 기재하여야 합니다.

　② 법원으로부터 증인신문신청이 증거신청으로 채택되면 법원에서 정한 바에 따라 증인진술서를 제출하거나 증인신문사항을 제출하여야 합니다. 이는 법원에서 정한 기간 안에 제출합니다.

③ 신청인은 증거조사비용(일당, 여비, 숙박료 등)을 증거조사기일 전에 법원 보관금 취급담당자에게 예납하여야 합니다. 증거조사비용을 예납하지 않을 때에는 증인신문을 하지 않을 수 있습니다.

11. 증인에 대한 반대신문방법

① 증인은 신청한 당사자가 먼저 신문하고 그 다음 상대방이 신문하는 방식으로 이루어집니다. 이를 주신문과 반대신문이라고 하는데, 반대신문은 주 신문에 의한 증언의 진실성을 알아보려는 것이므로 주 신문에 나타난 사항과 이에 관련되는 사항 및 증언의 신빙성에 관한 사항이 아니면 신문할 수 없습니다.

② 따라서 신청한 당사자가 먼저 신문할 때 상대방 당사자가 너무 흥분하여 증언을 제대로 듣지 못하면 반대신문을 정확히 못하게 되니 조용히 경청하면서 반대신문 할 때 물어볼 사항을 메모한 후 반대신문 시 차근차근 물어보아야 합니다.

12. 불출석 증인에 대한 과태료와 감치 제도

정당한 사유 없이 증인신문기일에 출석하지 아니한 증인에 대하여는 500만 원 이하의 과태료의 제재를 부과할 수 있습니다. 증인이 1회 과태료 재판을 받고도 다시 출석하지 아니할 경우 7일 이내의 감치에 처할 수 있도록 하였습니다.

제8장 준비서면 작성하는 방법

준비서면에는 (1)당사자의 성명, 명칭 또는 상호와 주소 (2)사건의 표시 (3)공격 또는 방어의 방법 (4)상대방의 청구와 공격 또는 방어방법에 대한 진술 (5)첨부서류의 표시 (6)작성한 날짜 (7)법원의 표시를 기재하고 위 (3)와 (4)의 사항에 대하여는 사실상 주장을 증명하기 위한 증거방법과 상대방의 증거방법에 대한 의견을 함께 적는 것이 좋습니다.

1. 준비서면의 기재순서

실무에서는 준비서면을 표제, 사건번호, 사건명, 당사자의 표시를 순차로 기재하고 그 다음에 어느 당사자가 그 준비서면을 제출하는가를 밝히는 문언과 변론준비의 내용을 기재한 다음, 첨부서류의 표시, 작성연월일, 작성자의 기명날인 다음에 제출하는 법원을 표시하고 있습니다.

그러나 준비서면은 형식적인 기재순서보다는 재판장의 심증을 움직이는 데 초점을 맞추고 논리에 맞도록 하며, 기재순서와 준비서면의 분량을 적절히 조절하여야 합니다.

2. 서증의 인부

실무에서는 원고가 소장이나 준비서면에 서증의 사본을 붙여 보내는 수가 있고, 피고가 답변서나 준비서면에 서증의 사본을 붙여 보내고 있는데 그에 대하여 당사자가 그 서증의 인부를 준비서면에 기재하는 예가 자주 있습니다.
그러나 서증의 사본을 소장이나 준비서면 또는 답변서나 준비서면에 첨부하였다 하더라도 그것은 서증의 제출이라고 할 수 없고 서증의 원본이나 또는 인증이 있는 등본을 재판부에 제출하여야 서증을 제출한 것이 되므로 서증이 제출되었다고 할 수 없습니다.

서증에 대한 인부를 실수 없이 하려면 준비서면을 통하여 서증의 정본이나 등본을 재판부에 제출하게 하고 원고나 피고가 서증의 원본을 실제로 보고 필적, 인영, 지질, 기타의 정황을 충분히 검토하고 사본이 정확한가의 여부까지 확인한 후에 하는 것이 좋습니다.

3. 공격 또는 방어방법의 기재

공격방법은 원고가 그 청구를 유지하기 위하여 제출하는 일체의 사실상 또는 법률상 소송자료를 말합니다. 방어방법은 피고가 그 방어적 신청 예를 들어 소 각하 또는 청구기각을 유지하기 위하여 제출하는 일체의 사실상 또는 법률상 소송자료를 말합니다.

4. 요건사실과 주변사정

사실에 관한 주장은 청구를 이유 있게 하거나 이를 저지할 법률요건 사실에 관하여 그 존부와 구체적 내용에 관한 것입니다. 그러나 이러한 요건사실에 관한 기재 이외에 그러한 사실들을 추인할 수 있는 간접사실이나 보조사실 등 주변사정에 관한 주장도 준비서면에 기재하는 것이 보통입니다.

대법원은 소멸시효의 기산일은 채무의 소멸이라고 하는 법률효과 발생의 요건에 해당하는 소멸시효기간 계산의 시발점으로서 소멸시효항변의 법률요건을 구성하는 구체적인 사실에 해당하므로 이는 변론주의의 적용대상으로 본래의 소멸시효 기산일과 당사자가 주장하는 기산일이 서로 다른 경우에는 당사자가 본래의 기산일보다 뒤의 날짜를 기산일로 하여 주장한 경우는 물론이고 특별한 사정이 없는 한 그 반대의 경우에 있어서도 변론주의의 원칙상 법원은 당사자가 주장하는 기산일을 기준으로 소멸시효기간을 계산하여야 한다고 하고 있습니다.

변론주의가 지배하는 민사재판에서 요건사실, 즉 주요사실은 당사자가 변론에서 주장하지 아니하는 한 법원이 판결의 기초로 삼을 수 없습니다. 그러나 간접사실이나 보조 사실은 주요사실을 인정하는 데 도움이 되는 데 그치는 것이므로 당사자의 주장이 없더라도 법원은 증거에 의하여 이를 인정하여 요건사실을 인정할 수 있는 자료로 사용할 수 있습니다.

당사자 간에 이에 관한 자백이 있더라도 이에 구속되지 아니하며 이에 관한 당사자의 주장에 대하여 판단을 하지 아니하더라도 판단 유탈이 되지 않습니다.

준비서면에는 요건사실을 중심으로 기재하시고, 그 요건사실의 존부에 관한 법원의 심증 형성이나 이해를 구할 필요가 있는 때에는 간접사실이나 보조사실도 준비서면에 기재할 필요가 있습니다.

사실에 관한 주장을 준비서면에 기재하는 경우에는 될 수 있는 한 청구를 이유 있게 하는 사실, 항변 사실 또는 재항변 사실에 관한 주장을 구분하여 준비서면에 기재하는 것이 좋습니다. 그리고 간접사실이나 보조사실에 관하여는 어느 요건사실과 관련된 것인지 이를 주장하는 목적이 무엇인지 준비서면을 통하여 명확하게 하여야 합니다.

간접사실은 주요사실에 대응하는 것으로 주요사실의 존부를 확인하는 데 도움이 되는 데 그치는 주요사실의 경위, 내력 등에 관한 사실로 변론주의가 적용되지 않습니다. 간접사실에 해당하는 것으로는 예를 들어 이전등기의 경위, 계약의 성립 경우, 충돌 사고의 경위, 변제기일 등기원인일자, 취득시효의 기산일 등이 있습니다.

부동산의 시효취득에 관하여 점유의 권원이나 취득시효의 기산점은 법률효과의 판단에 관하여 직접 필요한 주요사실이 아니고 간접사실에 불과하므로 법원으로서는 이에 관한 당사자의 주장에 구속되지 아니하고 이를 인정하여 판단할 수 있습니다.

5. 사실주장의 방법

요건사실은 말하자면 매매대금청구의 경우 매매계약의 성립사실로 목적물과 매매대금을 요건사실이라고 합니다. 임대차보증금반환 청구의 경우 임대차계약이 종료된 사실, 연체차임이 없거나 이를 공제하고 보증금이 남아 있는 사실로 목적물, 보증금, 월차임, 계약기간이 요건사실입니다. 대여금반환 청구의 요건사실은 소비대차계약의 성립사실(원금, 이자, 변제기)을 요건사실입니다. 요건사실을 주장함에 있어서는 당해 실체법규가 정하는 법률요건을 분석하여 그에 해당하는 사실을 빠짐없이 주장하여야 합니다.

사실에 관한 주장을 함에 있어서는 행위의 주체, 일시, 상대방, 목적물, 행위의 내용을 기재하는 방법으로 준비서면을 통하여 이를 묘사하시면 됩니다. 말하자면 행위의 장소는 사건의 내용, 전후 경위 등을 설명함에 꼭 필요한 경우이거나 준거법의 결정 등의 문제가 되는 경우에만 준비서면에 기재하는 것이 보통입니다.

사실관계에 관한 주장은 적법한 입증자료의 뒷받침을 받아야 진정한 사실로 인정받게 되므로 준비서면에 사실상의 주장을 기재한 때에는 그에 대한 증거방법을 부기하고 설명하는 것이 좋습니다.

6. 예비적 주장

예비적 주장은 어떤 사실의 주장이 법원에 의하여 받아들여지지 않을 경우를 가정하고 그 주장과 아울러 예비적으로 그와 배치되는 다른 사실을 주장하는 것을 예비적 주장이라고 합니다.

예를 들어 건물인도 청구의 소송에서 원고가 임차인 피고가 임대차 목적물을 무단 전대한 사실이 있음을 이유로 계약해지를 주장하고, 예비적으로 월차임 2회 이상 연체를 이유로 계약해지를 주장하는 것을 말합니다.

소유권이전등기 청구의 소송에서 소유권 취득의 원인으로 증여를 주장하고 예비적으로 취득시효의 완성을 주장하는 것을 예비적 주장이라고 합니다.

7. 인부의 기재 방법

준비서면을 통하여 인부를 기재할 때는 상대방이 주장한 순서에 따라 『 제1항 어느 부분은 인정하고 제2항은 어떤 이유로 부인합니다.』는 식으로 기재하거나 『제1항 중 어느 부분 무엇에 관한 사실은 인정하고 그 나머지 사실은 어떤 이유로 모두 부인합니다.』고 기재하거나 내용이 많은 경우 준비서면을 통하여 상대방의 주장을 인정하는 부분만 추려서 준비서면에 기재하고 기타의 주장은 부인한다는 식으로 정리하시면 재판장이나 상대방이 이해하기 쉽습니다.

상대방의 주장 사실에 대한 인부는 중대한 의미를 가지는 것이므로 원고나 피고는 주장 사실을 정확히 파악하고 그 결과에 따라 신중하게 준비서면에 정리하여야 합니다. 일단 자백하였다가 이를 부인으로 바꾸는 것은 자백의 취소가 되어 상대방의 동의가 있거나 또는 그 자백이 진실에 반하고 착오에 기인한 것임을 증명한 때에 한하여 할 수 있고 자백에 대한 취소의 시기를 놓치면 실기한 공격방어방법이라 하고 각하될 염려가 있으며, 일단 부인하였다가 후에 자백하는 것은 어렵지 않으나 재판장의 심증 형성에 나쁜 영향을 미칠 염려가 있으므로 인부는 처음부터 자백과 부인을 명백히 하고 준비서면을 작성하는 것이 좋습니다.

8. 증거에 관한 주장

증거는 사실에 관한 주장을 뒷받침하는 것이므로 증거에 관한 주장도 사실에 관한 주장의 부수적 주장이라 할 수 있습니다. 증거에 관한 주장은 (1)증거설명 (2)증거항변의 두 가지 형태로 함이 보통입니다.

9. 증거설명

재판장은 당사자가 제출하는 서증의 내용을 이해하기 어렵거나 서증의 수가 방대하고 그 입증취지가 불명확한 경우에는 서증을 제출한 당사자로 하여금 서증과 그에 의하여 증명할 사실의 관계를 구체적으로 명시한 증거설명서의 제출을 명할 수 있습니다.

서증의 경우에는 문서의 성립에서부터 그 내용에 이르기까지 상세한 설명을 하는 것이 훨씬 좋습니다. 증인의 증언도 소송의 결과에 중대한 영향을 미치는 것이므로 증언한 내용을 면밀히 검토하여 증거설명을 하는 것이 좋습니다.

10. 증거항변

증거항변은 소송에 있어 중대한 의미를 가집니다. 증거항변은 상대방이 제출한 증거나 자기에게 불리한 증언이나 진술 등에 대하여 그 증거능력을 다투거나 증명력을 탄핵하는 하는 중요한 것입니다.

예를 들어 상대방이 제출한 문서가 위조문서라고 주장하거나 그 기재한 날자와 다른 날에 작성되었다거나 문서의 작성자가 객관적인 사실을 기재할 위치에 있지 않았다는 내용 등을 주장하는 것을 말합니다.

증인의 증언에 관해서도 그것이 사실과 다르다는 것을 다른 증거자료와 대조해 가면서 준비서면을 통하여 설명하고 그 증언의 내용자체가 경험칙에 반하고 논리에 맞지 않음을 지적하여 그 것을 믿을 수 없다고 준비서면을 통하여 주장할 필요가 있습니다.

증거항변 중에서 중요한 것은 판결이유에서도 판단될 정도로 매우 중요합니다. 예를 들어 상대방이 제출한 서증이 위조된 것이라고 주장하였는데 법원이 그 서증을 근거로 사실인정을 하려면 판결에서 그 문서가 위조가 아니라고 인정할 만한 상당한 이유를 설시하여야 하는 것입니다.

준비서면에는 사실에 관한 주장을 입증하기 위한 증명방법과 아울러 상대방의 증명방법에 의한 의견을 개재하여야 하므로 상대방의 서증 등에 대한 의견을 말하자면 인부의 내용을 준비서면에 기재하여 제출하는 것도 아주 좋습니다.

11. 청구 및 방어방법의 진술

상대방의 청구에 대한 진술(주장)은 상대방의 청구를 배척하기 위한 진술로 소의 각하 또는 청구기각의 신청이 이에 해당하므로 원고의 청구에 대응하여 피고가 답변서를 통하여 기재하여야 하나, 답변서에 누락되거나 추가할 것이 있으면 준비서면에 기재하시면 됩니다.

공격 또는 방어방법에 대한 진술(주장)은 상대방이 주장하는 개개의 공격 또는 방어방법 말하자면 청구를 뒷받침하거나 이를 저지하는 요건사실이나 항변 그리고 재항변 등으로 주장된 사실에 대하여 그 인정 여부를 진술하는 것을 말합니다.

인부의 방법에 관하여는 '원고 또는 피고' 의 종전 주장에 반하는 사실을 모두 부인한다고 하기도 하지만 이러한 진술로는 쟁점의 부각에는 도움을 줄 수 없으므로 반드시 개개의 사실마다 명확한 인부를 하고 부인하는 그 이유를 설명함으로써 쟁점을 명확히 하여야 합니다.

12. 인용문서의 첨부

원고나 피고가 소지하는 문서로서 준비서면에 인용한 것은 서증으로 제출하는 것인지 여부를 불문하고 준비서면에 그 등본 또는 사본을 붙여야 합니다. 그러나 문서의 일부만 필요한 때에는 그 부분에 대한 초본을 붙여야 하고 첨부할 문서가 너무 많은 때에는 그 문서를 표시하기만 하고 첨부를 생략할 수 있습니다.

당사자는 상대방의 요구가 있을 때에는 준비서면에 인용한 문서의 원본을 보여 주어야 합니다. 당사자는 상대방이 제출한 서증의 존부 및 진위가 의심스러울 때에는 반드시 그 원본을 법원에 제출하게 하고 열람을 할 필요가 있습니다.

13. 석명에 관한 준비서면

석명에 관한 준비서면은 법원 또는 상대방의 석명 요구에 대한 답변 또는 상대방에 대하여 요구하는 석명사항을 기재한 준비서면을 말합니다.

소장의 청구취지나 청구원인 기타 답변서나 준비서면에 있어서의 당사자의 사실상 또는 법률상의 주장에 관하여 그 취지가 불분명한 것, 모순되는 것에 관하여 이를 지적하고 당사자가 진정으로 주장하고자 하는 진술의 취지를 명확하게 하고 필요한 입증을 축구하는 것입니다.

당사자도 상대방의 주장에 대하여 만연히 인부의 진술만 할 것이 아니라 그 취지가 분명하지 않은 것에 대하여는 법원에 구문권을 행사하여 상대방 당사자에게 석명을 구하고 상대방의 해명이 있은 뒤에 구체적인 내용은 준비서면을 통하여 진술하는 것이 좋습니다.

석명에 의하여 상대방의 주장이 분명하게 밝혀지면 답변의 대상도 한정되므로 반박도 용이합니다. 반대로 상대방이 석명을 요구하는 경우에는 석명사항이 그 소송에서 어떠한 의미를 가지는 것인가를 숙고하여야 하고 그렇다고 해서 적흥적인 답변을 하여서는 아니 됩니다.

14. 최종·요약준비서면

변론의 최종 단계에서 마지막으로 주장을 종합 또는 요약하여 제출하는 준비서면으로 실무에서는 이를 종합준비서면이라고도 부릅니다. 당사자는 소장이나 답변서 기타 준비서면이나 법정에서 구술(말)로 진술한 사실상 또는 법률상의 주장과 상대방의 주장 및 항변에 대한 반론 등 종래의 주장을 정리하고 나아가 그때까지 제출한 서증, 인증 등에 대한 증거조사 결과를 면밀히 검토하여 이에 대한 의견을 개진하며, 주장에서 누락된 부분은 보충하고 법률적으로 재구성할 필요가 있는 부분은 이를 추가 또는 변경하는 것이 좋습니다.

종전 준비서면을 요약 또는 갈음하는 내용이 아니라면 종합준비서면을 제출할 의미가 없으므로 중전의 준비서면을 바탕으로 간단명료하게 결론의 위주로 작성하여야 합니다.

15. 준비서면의 제출시기

준비서면은 당사자가 변론기일에 진술하고자 하는 사항에 관하여 법원과 상대방에게 그 변론내용을 예고하거나 준비하기 위한 것이므로 법원이 그 부본을 상대방에게 송달하여야 상대방이 그것을 받아 보고 응답의 준비를 하는 데 필요한 기간을 주어야 합니다.

실무에서는 답변서 등의 발송일로부터 3주 정도의 기한을 정하여 준비서면을 제출할 것을 명하므로 그 기간 내에 준비서면을 제출하여야 합니다.

16. 준비서면 제출의 이익

준비서면은 적시에 제출하여 두면 변론기일 또는 변론 준비기일에 출석하지 못하더라도 상대방이 출석한 경우 법원은 불출석한 당사자가 제출한 준비서면에 기재된 사항은 진술한 것으로 간주할 수 있습니다. 이 경우 기일 해태의 불이익을 면합니다.

상대방이 불출석 한 경우에도 준비서면에 기재된 사항은 그대로 진술할 수 있습니다. 그 결과 상대방은 그 사실을 자백한 것으로 간주될 수 있습니다.

변론 준비절차 전에 제출한 준비서면에 기재한 사항은 변론준비절차에서 철회되거나 변경된 경우가 아닌 한 변론준비기일에 이를 진술하지 아니하더라도 변론기일에 이를 제출할 수 있고 그 주장에 대하여 기간 해태의 불이익을 받지 않습니다.

최신 서식

제9장 나홀로 소장 소송서류 최신서식

1. 소장 - 대여금 청구 소장

소 장

원 고 : ○ ○ ○

피 고 : ○ ○ ○

대여금 청구의 소

소송물 가액금	금	1,800,000 원
첨부할 인지액	금	9,000 원
첨부한 인지액	금	9,000 원
납부한 송달료	금	104,000 원
비 고		

삼척시법원 귀중

소   장

1. 원고

성명	○ ○ ○	주민등록번호	생략
주소	삼척시 청석로 2길 ○○○, ○○○호		
직업	상업	사무실 주 소	생략
전화	(휴대폰) 010 - 9000 - 0000		
기타사항	대여인 채권자입니다.		

2. 피고

성명	○ ○ ○	주민등록번호	생략
주소	삼척시 ○○로 ○○-○○, ○○○호		
직업	상업	사무실 주 소	생략
전화	(휴대폰) 010 - 4567 - 0000		
기타사항	차용인 채무자입니다.		

3.대여금 청구의 소

청구취지

1. 피고는 원고에게 금 1,800,000원 및 이 사건 소장 부본 송달된 다음날부터 다 갚는 날까지 연 12%의 비율에 의한 금원을 지급하라.
2. 소송비용은 피고의 부담으로 한다.
3. 제1항은 가집행 할 수 있다.

라는 판결을 구합니다.

청구원인

1. 원고는 피고에게 ○○○○. ○○. ○○. 금 1,000,000원을 ○○○○. ○○. ○○. 금 500,000원을 ○○○○. ○○. ○○. 금 300,000원을 합계 1,800,000원을 변제기 및 이자약정 없이 각 대여하여 주었으나 현재까지 이를 갚지 않고 있습니다.

2. 공증도 거부했으며 변제기일도 재촉하고 독촉했으나 무시했으며 변제기일도 최대한 빠른 기일에 변제하겠다고 해놓고 변제 일부터 지금까지 몇 달간 변제가 없고 변제의사도 없습니다.

3. 따라서 원고는 피고에게 대여금 1,800,000원 및 이에 대하여 이 사건 소장 부본이 송달된 다음날부터 다 갚는 날까지 소송촉진등에관한특례법에서 정해진 연 12%의 비율에 의한 지연손해금을 지급하라는 판결을 내려주시기 바랍니다.

소명자료 및 첨부서류

1. 갑 제1호증   통장거래내역서

○○○○ 년 ○○ 월 ○○ 일

위 원고 : ○　○　○　(인)

삼척시법원 귀중

2. 소장 - 공사대금 청구의 소장

소　　장

원 고 : ○　○　○

피 고 : ○　○　○

공사대금 청구의 소

소송물 가액금	금	24,000,000 원
첨부할 인지액	금	113,000 원
첨부한 인지액	금	113,000 원
납부한 송달료	금	104,000 원
비　　고		

전주지방법원 귀중

소   장

1.원고

성명	○ ○ ○	주민등록번호	생략
주소	전라북도 무주군 ○○로 ○○길 ○○, ○○○호		
직업	노동	사무실 주 소	생략
전화	(휴대폰) 010 - 5547 - 0000		
기타사항	이 사건 채권자입니다.		

2.피고

성명	○ ○ ○	주민등록번호	생략
주소	전라북도 무주군 무주읍 향확로 ○○○, ○○○호		
직업	상업	사무실 주 소	생략
전화	(휴대폰) 010 - 9876 - 0000		
기타사항	이 사건 채무자입니다.		

3.공사대금 청구의 소

청구취지

1. 피고는 원고에게 금 24,000,000원 및 이에 대하여 ○○○○. ○○. ○○.부터 소장부본이 송달된 날까지는 연 5%의, 그 다음날부터 다 갚는 날까지 연 12%의 비율에 의한 금원을 지급하라.

2. 소송비용은 피고의 부담으로 한다.

3. 위 제1항은 가집행할 수 있다.

라는 판결을 구합니다.

청구원인

1. 원고는 주소지에서 굴삭기 등을 이용하여 공사하는 노동자이고, 피고는 주소지에서 전원주택을 신축하던 자입니다.

2. 원고는 피고의 요청에 의하여 ○○○○. ○○. ○○. 피고가 신축하는 전원주택지에 대하여 굴삭기를 동원하여 토목공사를 금 30,000,000원에 완공하기로 하는 도급계약을 체결하고 ○○○○. ○○. ○○.부터 ○○○○. ○○. ○○.까지 위 토목공사를 모두 완료하고 피고에게 인도하였으나 피고는 공사대금 30,000,000원 중에서 금 6,000,000원만 지급하고 나머지 금 24,000,000원은 일주일 안에 지급하기로 약속하였으나 약속기일이 훨씬 지나도록 위 공사대금 잔액을 차일피일 지체하면서 지급하지 않고 있습니다.

3. 따라서 원고는 피고로부터 위 공사대금 금 24,000,000원 및 이에 대하여 공사대금을 지급하기로 약속한 날의 그 다음날인 ○○○○. ○○. ○○.부터 이 사건 소장부본이 송달된 날까지는 연 5%의, 그 다음날부터 다 갚는 날까지는 소송촉진등에관한특례법에서 정한 연 12%의 각 비율에 의한 지연손해금의 지급을 받기 위하여 이 사건 청구에 이른 것입니다.

소명자료 및 첨부서류

1. 갑 제1호증   공사도급계약서

○○○○ 년 ○○ 월 ○○ 일

위 원고 : ○ ○ ○ (인)

전주지방법원 귀중

3.소장 - 물품대금 청구의 소장

소   장

원 고 : ○ ○ ○

피 고 : ○ ○ ○

물품대금 청구의 소

소송물 가액금	금	5,000,000 원
첨부할 인지액	금	25,000 원
첨부한 인지액	금	25,000 원
납부한 송달료	금	104,000 원
비 고		

부산지방법원 동부지원 귀중

소   장

1. 원고

성명	○ ○ ○	주민등록번호	생략
주소	부산시 해운대구 재반로 ○○길 ○○, ○○○호		
직업	상업	사무실 주 소	생략
전화	(휴대폰) 010 - 9909 - 0000		
기타사항	이 사건 채권자입니다.		

2. 피고

성명	○ ○ ○	주민등록번호	생략
주소	부산시 해운대구 ○○로 ○○길 ○○, ○○-○○호		
직업	상업	사무실 주 소	생략
전화	(휴대폰) 010 - 2789 - 0000		
기타사항	이 사건 채무자입니다.		

3.물품대금 청구의 소

청구취지

1. 피고는 원고에게 금 5,000,000원 및 이에 대하여 ○○○○. ○○. ○○.부터 소장부본이 송달된 날까지는 연 5%의, 그 다음날부터 다 갚는 날까지 연 12%의 비율에 의한 금원을 지급하라.

2. 소송비용은 피고의 부담으로 한다

3. 위 제1항은 가집행할 수 있다.

라는 판결을 구합니다.

청구원인

1. 원고는 주소지에서 보일러대리점을 운영하고 있고, 피고는 주소지에 거주하고 있는데 피고가 원고에게 ○○○○. ○○. ○○.에 찾아와 원고가 취급하는 보일러 3대를 주문하여 금 6,300,000원에 피고에게 모두 설치하였으나 피고는 금 1,300,000원만 지급하고 나머지 금 5,000,000원은 바로 지급하기로 해놓고 현재에 이르기까지 이를 지급하지 않고 있습니다.

2. 따라서 원고는 피고로부터 위 물품대금 금 5,000,000원 및 이에 대하여 물품대금을 지급하기로 한 날의 그 다음날인 ○○○○. ○○. ○○.부터 이 사건 소장부본이 송달된 날까지는 연 5%의, 그 다음날부터 다 갚는 날까지는 소송촉진등에관한특례법에서 정한 연 12%의 각 비율에 의한 지연손해금의 지급을 받기 위하여 이 사건 청구에 이른 것입니다.

소명자료 및 첨부서류

1. 갑 제1호증   거래명세서

○○○○ 년 ○○ 월 ○○ 일

위 원고 : ○ ○ ○ (인)

부산지방법원 동부지원 귀중

4. 소장 - 임대차보증금반환 청구의 소장

소 장

원 고 : ○ ○ ○

피 고 : ○ ○ ○

임대차보증금반환 청구의 소

소송물 가액금	금 200,000,000 원
첨부할 인지액	금 855,000 원
첨부한 인지액	금 855,000 원
납부한 송달료	금 104,000 원
비 고	

의정부지방법원 고양지원 귀중

소　　장

1. 원고

성명	○ ○ ○	주민등록번호	생략
주소	경기도 고양시 일산구 ○○로 ○○, ○○○-○○○호		
직업	상업	사무실 주　소	생략
전화	(휴대폰) 010 - 8876 - 0000		
기타사항	이 사건 임차인입니다.		

2. 피고

성명	○ ○ ○	주민등록번호	생략
주소	경기도 고양시 덕양구 ○○로 ○○, ○○○호		
직업	주부	사무실 주　소	생략
전화	(휴대폰) 010 - 9876 - 0000		
기타사항	이 사건 임대인입니다.		

3. 임대차보증금반환 청구의 소

청구취지

1. 피고는 원고에게 금 200,000,000원 및 이에 대한 ○○○○. ○○. ○○.부터 이 사건 소장부본이 송달된 날까지는 연 5%의, 그 다음날부터 다 갚는 날까지 연 12%의 비율에 의한 금원을 지급하라.

2. 소송비용은 피고의 부담으로 한다.

3. 위 제1항은 가집행할 수 있다.

라는 판결을 구합니다.

청구원인

1. 원고는 ○○○○. ○○. ○○. 피고의 소유인 경기도 고양시 일산구 ○○로 ○○, ○○아파트 ○○○동 ○○○○호 ○○.○○○㎡에 대하여 임대차계약을 체결하고, 보증금 200,000,000원, 임대차기간 계약일로부터 24개월(2년간)으로 정하여 임대차계약을 체결하고 이 사건 부동산을 인도받아 점유하고 있습니다.

2. 원고는 위 임대차계약기간이 만료되기 1개월 전부터 피고에게 내용증명을 발송하고 더 이상 임대차계약을 갱신할 생각이 없다고 통지하고 임대차계약기간이 종료되면 즉시 임대차보증금을 반환해 줄 것을 통고하였음에도 불구하고 피고는 위 임대차계약기간이 만료된 지금에 이르러 원고에게 세를 놓고 위 임대차보증금을 빼가라는 태도를 보이면서 위 임대차보증금을 반환하지 않고 있습니다.

3. 따라서 원고는 피고로부터 위 임대차보증금 200,000,000원 및 이에 대한 임대차계약기간이 만료된 그 다음날인 ○○○○. ○○. ○○.부터 이 사건 소장부본이 송달된 날까지는 연 5%의, 그 다음날부터 다 갚는 날까지는 소송촉진등에관한특례법에서 정한 연 12%의 각 비율에 의한 지연손해금의 지급을 받기 위하여 이 사건 청구에 이르렀습니다.

소명자료 및 첨부서류

1. 갑 제1호증   전세계약서
1. 갑 제2호증   내용증명통고서

○○○○ 년 ○○ 월 ○○ 일

위 원고 : ○ ○ ○ (인)

의정부지방법원 고양지원 귀중

5. 소장 - 손해배상(기) 청구의 소장

소   장

원 고 : ○   ○   ○

피 고 : ○   ○   ○

손해배상(기) 청구의 소

소송물 가액금	금	2,000,000 원
첨부할 인지액	금	10,000 원
첨부한 인지액	금	10,000 원
납부한 송달료	금	104,000 원
비 고		

울산지방법원 양산시법원 귀중

소   장

1. 원고

성명	○ ○ ○	주민등록번호	생략
주소	경상남도 양산시 ○○로 ○○길 ○○, ○○○호		
직업	상업	사무실 주 소	생략
전화	(휴대폰) 010 - 1255 - 0000		
기타사항	이 사건 피해자입니다.		

2. 피고

성명	○ ○ ○	주민등록번호	생략
주소	경상남도 양산시 ○○로 ○길 ○○, ○○○호		
직업	상업	사무실 주 소	생략
전화	(휴대폰) 010 - 9876 - 0000		
기타사항	이 사건 가해자입니다.		

3. 손해배상(기) 청구의 소

청구취지

1. 피고는 원고에게 금 2,000,000원 및 이에 대하여 ○○○○. ○○. ○○.부터 소장부본이 송달된 날까지는 연 5%의, 그 다음날부터 다 갚는 날까지 연 12%의 비율에 의한 금원을 지급하라.

2. 소송비용은 피고의 부담으로 한다.

3. 위 제1항은 가집행할 수 있다.

라는 판결을 구합니다.

청구원인

1. 원고는 상인들로 구성되어 있는 ○○산악회의 총무이고, 피고는 위 ○○산악회의 회원입니다.

2. 피고는 ○○○○. ○○. ○○. 경상남도 양산시 ○○로 ○○, 소재 ○○돼지갈비 집에서 원고가 이번에 예정된 산행은 회원들이 회비를 제 때에 납부하지 않아 힘들 것 같다는 의견을 언급하고 회비를 내 달라고 하였습니다.

3. 그러자 피고가 27명의 산악회원들이 모인 자리에서 느닷없이 "원고가 산악회 회비를 빼돌린 것 아니냐, 그 전에도 원고가 산악회의 회비를 횡령하여 개인적으로 사용하지 않았느냐"등의 허위사실을 언급함으로써 원고의 명예를 치명적으로 훼손한 사실이 있습니다.

4. 원고는 이 같은 피고의 허위사실유포로 말미암아 정신적인 충격은 말할 것도 없고, 시장에서 장사를 하고 있는 원고로서는 경제적 신용상태에 있어서 씻을 수 없는 상처를 받았을 것임은 경험칙상 너무나도 명백하므로 피고는 이를 원고에게 금전적으로나마 위자할 의무가 있다 할 것이고, 그 액수는 원고의 사회적 지위 등 제반 사정을 참작하여 금 2,000,000원으로 정함이 상당하다 할 것입니다.

5. 그러므로 피고는 원고에게 금 2,000,000원 및 이에 대하여 불법행위일인 ○○○○. ○○. ○○.부터 이 사건 소장부본이 송달 일까지는 민법에서 정한 연 5%의, 그 다음날부터 다 갚는 날까지는 소송촉진등에관한특례법에서 정한 연 12%의 각 비율에 의한 지연손해금을 각 지급할 의무가 있다 할 것이므로 그 지급을 구하고자 이 사건 청구에 이르렀습니다.

소명자료 및 첨부서류

1. 갑 제1호증   목격자 사실확인서

○○○○ 년 ○○ 월 ○○ 일

위 원고 : ○ ○ ○ (인)

울산지방법원 양산시법원 귀중

6. 지급명령신청서 - 대여금 청구 독촉사건

지 급 명 령 신 청 서

채 권 자 : ○ ○ ○

채 무 자 : ○ ○ ○

소송물 가액금	금	15,800,000 원
첨부할 인지액	금	7,200 원
첨부한 인지액	금	7,200 원
납부한 송달료	금	62,400 원
비 고		

안동지원 영주시법원 귀중

지급명령신청서

1.채권자

성명	○ ○ ○	주민등록번호	생략
주소	안동시 ○○로 ○○, ○○○-○○○호		
직업	사업	사무실 주 소	생략
전화	(휴대폰) 010 - 2387 - 0000		
기타사항	돈을 대여한 채권자입니다.		

2.채무자

성명	○ ○ ○	주민등록번호	생략
주소	영주시 ○○로 ○○길 ○○○-○○○호		
직업	상업	사무실 주 소	생략
전화	(휴대폰) 010 - 4229 - 0000		
기타사항	돈을 차용한 채무자입니다.		

3. 대여금 청구의 독촉사건

신청취지

채무자는 채권자에게 아래의 청구금액 및 독촉절차비용을 지급하라.

라는 지급명령을 구합니다.

1. 금 15,800,000원

2. 위 1항의 금액에 대하여 ○○○○. ○○. ○○.부터 지급명령결정정본이 송달된 날까지는 연 18%의 그 다음날부터 다 갚는 날까지는 연 12%의 비율에 의한 금원

3. 독촉절차 비용 69,600원(내역 : 송달료 62,400원, 인지대 7,200원)

신청이유

1. 채권자는 채무자에게 ○○○○. ○○. ○○. 금 15,800,00 0원을 빌려주면서 변제기한은 ○○○○. ○○. ○○.까지   이자는 월 1.5%를 지급 받기로 한 사실이 있습니다.

2. 그런데 채무자는 위의 변제기일이 훨씬 지났음에도 불구하고 원금은 고사하고 약정한 이자까지도 채무이행을 하지 아니하므로 채권자는 채무자에게 위 원금 및 지연이자를 변제할 것을 여러 차례에 걸쳐 독촉하자 채무자는 원금 및 지연이자를 ○○○○. ○○. ○○.까지 지급하겠다며 지불각서까지 작성하여 주고서도 이마저도 전혀 이행하지 않고 있습니다.

3. 따라서 채권자는 채무자로부터 위 대여금 15,800,000원 및 이에 대한 ○○ ○○. ○○. ○○.부터 이 사건 지급명령결정정본을 송달 받은 날까지는 약정한 이자인 연 18%(계산의 편의상 월 1.5%를 연단위로 환산하였습니다), 그 다음날부터 다 갚는 날까지는 소송촉진 등에 관한 특례법에서 정한 연 12%의 각 비율에 의한 지연손해금 및 독촉절차비용을 합한 금액의 지급을 받기 위하여 이 사건 지급명령신청에 이르렀습니다.

소명자료 및 첨부서류

1. 소 갑제1호증   차용증
1. 소 갑제2호증   지불이행각서

○○○○ 년 ○○ 월 ○○ 일

위 채권자 : ○ ○ ○   (인)

안동지원 영주시법원 귀중

당 사 자 표 시

1.채권자

성명	○ ○ ○	주민등록번호	생략
주소	안동시 ○○로 ○○, ○○○-○○○호		
직업	사업	사무실 주 소	생략
전화	(휴대폰) 010 - 2387 - 0000		
기타사항	돈을 대여한 채권자입니다.		

2.채무자

성명	○ ○ ○	주민등록번호	생략
주소	영주시 ○○로 ○○길 ○○○-○○○호		
직업	상업	사무실 주 소	생략
전화	(휴대폰) 010 - 4229 - 0000		
기타사항	돈을 차용한 채무자입니다.		

3.대여금 청구의 독촉사건

신청취지

채무자는 채권자에게 아래의 청구금액 및 독촉절차비용을 지급하라.

라는 지급명령을 구합니다.

1. 금 15,800,000원

2. 위 1항의 금액에 대하여 ○○○○. ○○. ○○.부터 지급명령결정정본이 송달된 날까지는 연 18%의 그 다음날부터 다 갚는 날까지는 연 12%의 비율에 의한 금원

3. 독촉절차 비용 69,600원(내역 : 송달료 62,400원, 인지대 7,200원)

신청이유

1. 채권자는 채무자에게 ○○○○. ○○. ○○. 금 15,800,00 0원을 빌려주면서 변제기한은 ○○○○. ○○. ○○.까지 이자는 월 1.5%를 지급 받기로 한 사실이 있습니다.

2. 그런데 채무자는 위의 변제기일이 훨씬 지났음에도 불구하고 원금은 고사하고 약정한 이자까지도 채무이행을 하지 아니하므로 채권자는 채무자에게 위 원금 및 지연이자를 변제할 것을 여러 차례에 걸쳐 독촉하자 채무자는 원금 및 지연이자를 ○○○○. ○○. ○○.까지 지급하겠다며 지불각서까지 작성하여 주고서도 이마저도 전혀 이행하지 않고 있습니다.

3. 따라서 채권자는 채무자로부터 위 대여금 15,800,000원 및 이에 대한 ○○ ○○. ○○. ○○.부터 이 사건 지급명령결정정본을 송달 받은 날까지는 약정한 이자인 연 18%(계산의 편의상 월 1.5%를 연단위로 환산하였습니다), 그 다음날부터 다 갚는 날까지는 소송촉진 등에 관한 특례법에서 정한 연 12%의 각 비율에 의한 지연손해금 및 독촉절차비용을 합한 금액의 지급을 받기 위하여 이 사건 지급명령신청에 이르렀습니다.

7. 지급명령신청서 - 물품대금 청구의 독촉사건

지 급 명 령 신 청 서

채 권 자 : ○ ○ ○

채 무 자 : ○ ○ ○

소송물 가액금	금	15,000,000 원
첨부할 인지액	금	7,200 원
첨부한 인지액	금	7,200 원
납부한 송달료	금	62,400 원
비 고		

대전지방법원 서산지원 귀중

지 급 명 령 신 청 서

1.채권자

성명	○ ○ ○	주민등록번호	생략
주소	충청남도 서산시 ○○로 ○○길 ○○, ○○○호		
직업	상업	사무실 주 소	생략
전화	(휴대폰) 010 - 1233 - 0000		
기타사항	이 사건 채권자입니다.		

2.채무자

성명	○ ○ ○	주민등록번호	생략
주소	충청남도 서산시 ○○로 ○길 ○○, ○○○호		
직업	건축업	사무실 주 소	생략
전화	(휴대폰) 010 - 9876 - 0000		
기타사항	이 사건 채무자입니다.		

3.물품대금 청구의 독촉사건

신청취지

채무자는 채권자에게 아래의 청구금액 및 독촉절차비용을 지급하라.

라는 지급명령을 구합니다.

1. 금 15,000,000원

2. 위 1항의 금액에 대하여 ○○○○. ○○. ○○.부터 지급명령결정정본 송달 일까지는 연 5%의, 그 다음날부터 다 갚는 날까지 연 12%의 비율에 의한 금원.

3. 독촉절차 비용 69,600원(내역 : 송달료 62,400원, 인지대 7,200원)

신청이유

1. 채권자는 주소지에서 건축자재와 필요한 철물제품을 취급하고 있고, 채무자는 주소지에서 아름다운건축이라는 상호로 다세대주택을 건축하여 분양하는 건축업자로서 ○○○○. ○○. ○○. 채무자의 주문에 의하여 채무자가 건축하고 있는 공사현장으로 시멘트, 철물제품을 총 21,000,000원에 납품하여 판매하였으나 채무자는 지급기일에 이르러 금 6,000,000원만 지급하고 나머지 15,000,0 00원을 현재에 이르기까지 지급하지 않고 있습니다.

2. 따라서 채권자는 채무자로부터 위 물품대금 금 15,000,000원 및 이에 대하여 물품대금을 지급하기로 한 날의 그 다음날인 ○○○○. ○○. ○○.부터 이 사건 지급명령결정정본을 송달받은 날까지는 연 5%의, 그 다음날부터 다 갚는 날까지는 소송촉진 등에 관한 특례법에서 정한 연 12%의 각 비율에 의한 이자와 지연손해금 및 독촉절차비용을 합한 금액의 지급을 받기 위하여 이 사건 지급명령신청에 이르렀습니다.

소명자료 및 첨부서류

1. 소 갑제1호증   거래명세서

1. 소 갑제2호증   인수증

○○○○ 년 ○○ 월 ○○ 일

위 채권자 : ○ ○ ○   (인)

대전지방법원 서산지원 귀중

당사자표시

1.채권자

성명	○ ○ ○	주민등록번호	생략
주소	충청남도 서산시 ○○로 ○○길 ○○, ○○○호		
직업	상업	사무실 주 소	생략
전화	(휴대폰) 010 - 1233 - 0000		
기타사항	이 사건 채권자입니다.		

2.채무자

성명	○ ○ ○	주민등록번호	생략
주소	충청남도 서산시 ○○로 ○길 ○○, ○○○호		
직업	건축업	사무실 주 소	생략
전화	(휴대폰) 010 - 9876 - 0000		
기타사항	이 사건 채무자입니다.		

3.물품대금 청구의 독촉사건

신청취지

채무자는 채권자에게 아래의 청구금액 및 독촉절차비용을 지급하라.

라는 지급명령을 구합니다.

1. 금 15,000,000원

2. 위 1항의 금액에 대하여 ○○○○. ○○. ○○.부터 지급명령결정정본 송달 일까지는 연 5%의, 그 다음날부터 다 갚는 날까지 연 12%의 비율에 의한 금원.

3. 독촉절차 비용 69,600원(내역 : 송달료 62,400원, 인지대 7,200원)

신청이유

1. 채권자는 주소지에서 건축자재와 필요한 철물제품을 취급하고 있고, 채무자는 주소지에서 아름다운건축이라는 상호로 다세대주택을 건축하여 분양하는 건축업자로서 ○○○○. ○○. ○○. 채무자의 주문에 의하여 채무자가 건축하고 있는 공사현장으로 시멘트, 철물제품을 총 21,000,000원에 납품하여 판매하였으나 채무자는 지급기일에 이르러 금 6,000,000원만 지급하고 나머지 15,000,0 00원을 현재에 이르기까지 지급하지 않고 있습니다.

2. 따라서 채권자는 채무자로부터 위 물품대금 금 15,000,000원 및 이에 대하여 물품대금을 지급하기로 한 날의 그 다음날인 ○○○○. ○○. ○○.부터 이 사건 지급명령결정정본을 송달받은 날까지는 연 5%의, 그 다음날부터 다 갚는 날까지는 소송촉진 등에 관한 특례법에서 정한 연 12%의 각 비율에 의한 이자와 지연손해금 및 독촉절차비용을 합한 금액의 지급을 받기 위하여 이 사건 지급명령신청에 이르렀습니다.

8. 지급명령신청서 - 공사대금 청구의 독촉사건

지 급 명 령 신 청 서

채 권 자 : ○   ○   ○

채 무 자 : ○   ○   ○

소송물 가액금	금	45,000,000 원
첨부할 인지액	금	20,700 원
첨부한 인지액	금	20,700 원
납부한 송달료	금	62,400 원
비 고		

대구지방법원 서부지원 귀중

지 급 명 령 신 청 서

1. 채권자

성명	○ ○ ○	주민등록번호	생략
주소	대구광역시 달서구 ○○로 ○○길 ○○, ○○○호		
직업	공사업	사무실 주 소	생략
전화	(휴대폰) 010 - 1123 - 0000		
기타사항	이 사건 채권자입니다.		

2. 채무자

성명	○ ○ ○	주민등록번호	생략
주소	대구광역시 서구 ○○로 ○○길 ○○, ○○○호		
직업	원예업	사무실 주 소	생략
전화	(휴대폰) 010 - 9876 - 0000		
기타사항	이 사건 채무자입니다.		

3.공사대금 청구의 독촉사건

신청취지

채무자는 채권자에게 아래의 청구금액 및 독촉절차비용을 지급하라.

라는 지급명령을 구합니다.

1. 금 45,000,000원

2. 위 1항의 금액에 대하여 ○○○○. ○○. ○○.부터 지급명령결정정본 송달 일까지는 연 5%의, 그 다음날부터 다 갚는 날까지 연 12%의 비율에 의한 금원.

3. 독촉절차 비용 83,100원(내역 : 송달료 62,400원, 인지대 20,700원)

신청이유

1. 채권자는 주소지에서 일반 건축업을 하고 있고, 채무자는 주소지에서 비닐하우스 등을 축조하여 원예업을 하고 있습니다.

2. 채권자는 채무자의 요청에 의하여 채무자 소유의 비닐하우스 등을 철거하고 이곳에 철골조 원예시설을 건축하기로 하는 건축공사도급계약을 체결하고 총 금 72,000,000원에 위 원예시설을 모두 완공하여 채무자에게 인도하였습니다.

3. 그런데 채무자는 채권자가 위 원예시설을 완공하여 채무자에게 인도와 상환으로 위 공사대금 전액을 지급하기로 하였으나 위 원예시설을 채권자가 인도하는 날 금 27,000,000원만 지급하고 대출을 받는 즉시 나머지의 공사대금은 지급하기로 약속하였던 것인데 채무자는 대출을 받아 다른 곳에 흥청망청 사용하고 있으면서 채권자에 대한 위 공사대금 잔액 금 45,0 00,000원을 차일피일 지체하면서 지급하지 않고 있습니다.

4. 따라서 채권자는 채무자로부터 위 공사대금 금 45,000,000원 및 이에 대하여 공사대금을 지급하기로 한 날의 그 다음날인 ○○○○. ○○. ○○.부터 이

사건 지급명령결정정본을 송달받은 날까지는 연 5%의, 그 다음날부터 다 갚는 날까지는 소송촉진 등에 관한 특례법에서 정한 연 12%의 각 비율에 의한 이자와 지연손해금 및 독촉절차비용을 합한 금액의 지급을 받기 위하여 이 사건 지급명령신청에 이르렀습니다.

소명자료 및 첨부서류

1. 소 갑제1호증   공사도급계약서
1. 소 갑제2호증   지불각서

○○○○ 년 ○○ 월 ○○ 일

위 채권자 : ○   ○   ○   (인)

대구지방법원 서부지원 귀중

당 사 자 표 시

1.채권자

성명	○ ○ ○	주민등록번호	생략
주소	대구광역시 달서구 ○○로 ○○길 ○○, ○○○호		
직업	공사업	사무실 주 소	생략
전화	(휴대폰) 010 - 1123 - 0000		
기타사항	이 사건 채권자입니다.		

2.채무자

성명	○ ○ ○	주민등록번호	생략
주소	대구광역시 서구 ○○로 ○○길 ○○, ○○○호		
직업	원예업	사무실 주 소	생략
전화	(휴대폰) 010 - 9876 - 0000		
기타사항	이 사건 채무자입니다.		

3. 공사대금 청구의 독촉사건

신청취지

채무자는 채권자에게 아래의 청구금액 및 독촉절차비용을 지급하라.

라는 지급명령을 구합니다.

1. 금 45,000,000원

2. 위 1항의 금액에 대하여 ○○○○. ○○. ○○.부터 지급명령결정정본 송달 일까지는 연 5%의, 그 다음날부터 다 갚는 날까지 연 12%의 비율에 의한 금원.

3. 독촉절차 비용 83,100원(내역 : 송달료 62,400원, 인지대 20,700원)

신청이유

1. 채권자는 주소지에서 일반 건축업을 하고 있고, 채무자는 주소지에서 비닐하우스 등을 축조하여 원예업을 하고 있습니다.

2. 채권자는 채무자의 요청에 의하여 채무자 소유의 비닐하우스 등을 철거하고 이곳에 철골조 원예시설을 건축하기로 하는 건축공사도급계약을 체결하고 총 금 72,000,000원에 위 원예시설을 모두 완공하여 채무자에게 인도하였습니다.

3. 그런데 채무자는 채권자가 위 원예시설을 완공하여 채무자에게 인도와 상환으로 위 공사대금 전액을 지급하기로 하였으나 위 원예시설을 채권자가 인도하는 날 금 27,000,000원만 지급하고 대출을 받는 즉시 나머지의 공사대금은 지급하기로 약속하였던 것인데 채무자는 대출을 받아 다른 곳에 흥청망청 사용하고 있으면서 채권자에 대한 위 공사대금 잔액 금 45,0 00,000원을 차일피일 지체하면서 지급하지 않고 있습니다.

4. 따라서 채권자는 채무자로부터 위 공사대금 금 45,000,000원 및 이에 대하여 공사대금을 지급하기로 한 날의 그 다음날인 ○○○○. ○○. ○○.부터 이

사건 지급명령결정정본을 송달받은 날까지는 연 5%의, 그 다음날부터 다 갚는 날까지는 소송촉진 등에 관한 특례법에서 정한 연 12%의 각 비율에 의한 이자와 지연손해금 및 독촉절차비용을 합한 금액의 지급을 받기 위하여 이 사건 지급명령신청에 이르렀습니다.

9. 나홀소 소송 답변서 – 대여금 청구

답 변 서

재판장확인
. . . .

사건번호 : ○○○○가소○○○○호   대여금

원   고 : ○ ○ ○

피   고 : ○ ○ ○

부본영수
. . . .

○○○○ 년 ○○ 월 ○○ 일

위 피고 : ○ ○ ○   (인)

대전지방법원 민사○단독 귀중

답 변 서

사건번호 : ○○○○가소○○○○호   대여금

원　　고 : ○ ○ ○

피　　고 : ○ ○ ○

위 사건에 관하여 피고는 다음과 같이 답변합니다.

- 다 음 -

청구취지에 대한 답변

1. 원고의 청구를 기각한다.

2. 소송비용은 원고의 부담으로 한다.

라는 판결을 구합니다.

청구원인에 대한 답변

1. 차용경위

　(1) 피고는 ○○○○. ○○.경 ○○○으로 임명받은 후 ○○○에서 근무하다가 ○○○○. ○○.경 정년퇴직하였습니다.

　(2) 원고는 개명을 하기 전에는 ○○○였는데 피고와는 고향선후배사이로서 피고가 ○○○를 통하여 금전을 차용하게 된 경위는 다음과 같습니다.

　(3) 피고가 ○○에 근무할 이전부터 피고의 누나인 소외 ○○○ 등 형제자매들과 ○○지방법원 ○○○○가합○○○○호 유류분반환 소송 등 여러 건의 재판을 하고 있었는데 ○○○(원고)가 피고의 사정을 고려하여 소송비용 등으로 빌려 준 것입니다.

(4) 피고의 망부 ○○○의 자녀로는 아들인 피고 이외에도 딸인 소외 ○○○과 ○○○, ○○○ 등이 있었고 딸들의 사주를 받은 망부는 피고를 상대로 명의신탁해지를 원인으로 하는 소유권이전등기청구소송 등을 제기하여 그 재판 진행 중 망부가 ○○○○. ○○.경 사망하자 ○○○ 등이 소송수계를 하여 재판을 진행하는 한편, ○○○ 등은 피고를 상대로 ○○지방법원 ○○○가합○○○○호로 유류분반환 소송을 제기한 것을 비롯하여 이를 둘러싼 부동산가압류 등 보전처분과 형사고소 등 수많은 법적 분쟁에 휘말리면서 피고로서는 소송비용 등 상당한 자금이 필요하였는데 피고가 보유하고 있던 부동산들이 가압류되는 바람에 금융기관으로부터 대출을 받기가 어렵게 된 형편에서 피고는 고향후배인 원고(개명하기 전 ○○○)로부터 돈을 빌려 소송비용으로 부족한 자금을 충당하게 되었던 것입니다.

2. 원고로부터 빌린 차용금

(1) 피고가 원고(개명하기 전 ○○○)로부터 차용한 금액에 대하여 ○○○○. ○○. ○○.현재 원고와 정산한 차용금은 금 ○,○○○만원입니다.

3. 차용금에 대한 일부상환

(1) 피고는 위 대여금 ○,○○○만원 중 금 ○,○○○만원을 원고(개명하기 전 ○○○)가 지정하는 가족들에게 각 변제하였습니다.

4. 미상환금액

(1) 피고가 원고(개명하기 전 ○○○)로부터 차용한 금액은 금 ○,○○○만원인데 여기서 금 ○,○○○만원을 상환하고 미상환한 금액은 금 ○,○○○만원입니다.

차용금	상환금	미상환금
48,000,000원	23,500,000원	24,500,000원

5. 원고의 억지주장

   (1) 원고(개명하기 전 ○○○)는 소장에서 피고가 원고와 원고의 아들과 딸을 취직시켜 주겠다며 대략 1억 원을 빌려갔다, 우선 금 ○,○○○만 원을 청구하는 것이라고 주장하고 있으나 피고로서는 말도 안 되는 억지주장이므로 이에 대한 구체적인 답변은 유보하겠습니다.

   (2) 따라서 피고는 ○○○(개명하기 전 원고의 이름)로부터 위 유류분 등의 소송비용으로 돈을 빌린 것은 사실이지만 소송이 장기간 동안 진행되는 바람에 상환이 늦어진 것일 뿐 어떠한 목적을 띤 대가성으로 돈을 빌리지는 않았습니다.

6. 피고의 항변

   (1) 피고가 원고(개명하기 전 ○○○)로부터 빌린 돈은 모두 ○,○○○만원이고 여기서 금 ○,○○○만원은 이미 변제되어 그 잔액이 ○,○○○만원이 남아 있는데 피고로서는 위 유류분반환 소송이 종료되어 피고가 ○○지방법원 ○○○○타기○○○○호 배당절차사건에서 배당받아 변제하려고 하였으나 원고(개명하기 전 ○○○)는 피고를 사기죄로 고소를 제기하고 터무니없는 돈을 부풀려 요구하고 나서는 바람에 변제를 못하고 있습니다.

   (2) 원고(개명하기 전 ○○○)는 소장에서 우선 일부금으로 금 ○,○○○만원을 청구한다고 주장하면서 지금까지 원고(개명 전 ○○○)가 피고에게 빌려준 돈은 대략 1억 원 이상으로 파악되는데 그 증빙자료를 확보하는데 다소 시간이 지연되고 있고, 일부는 피고가 변제한 부분도 있다며 입증자료가 확보되어야 특정이 가능하다고 주장하고 있으나 피고는 원고(개명하기 전 ○○○)로부터 빌린 돈은 ○,○○○만원도 아니고, 1억 원도 아닌 금 ○,○○○만원이며 여기서 ○,○○○만원은 이미 위와 같이 상환하였으며 미상환한 금액은 금 ○,○○○만원뿐입니다.

7. 결론

이상에서 본 바와 같이 원고(개명하기 전 ○○○)의 이 사건 청구는 이유 없는 것이며 피고가 원고에게 미상환한 금액은 금 ○,○○○만원이므로 이의 범위 내에서 감액되어야 할 것이고 나머지 원고의 청구는 기각되어야 할 것입니다.

소명자료 및 첨부서류

1. 을 제1호증   정산서

○○○○ 년 ○○ 월 ○○ 일

위 피고 : ○ ○ ○ (인)

대전지방법원 민사○단독 귀중

10. 나홀로 소송 답변서 - 물품대금

답 변 서

사 건 번 호 :　○○○○차○○○○호　물품대금

채 권 자 :　○　○　○

채 무 자 :　○　○　○

○○○○ 년 ○○ 월 ○○ 일

위 채무자 :　○　○　○　(인)

울산지방법원 양산시법원 귀중

답 변 서

사 건 번 호 :　○○○○차○○○○호　물품대금
채 권 자 :　○　　○　　○
채 무 자 :　○　　○　　○

위 사건에 대하여 채무자는 다음과 같이 답변서를 제출합니다.

- 다　음 -

청구취지에 대한 답변

1. 채권자의 청구를 기각한다.

2. 소송비용 및 독촉절차비용은 채권자의 부담으로 한다.

라는 판결을 구합니다.

청구원인에 대한 답변

1. 채무자는 채권자 주장과 같은 물품을 공급받은 사실이 없습니다.

　　가. 채권자는 이 사건 지급명령신청에서 자신이 채무자에게 ○○○○. ○○. ○○. 금 3.000,000원 상당의 물품을 판매했음을 전제로 이 사건 물품대금을 청구하고 있습니다.

　　나. 그러나 채무자는 채권자로부터 위 주장과 같은 물품을 구매한 사실이 없습니다. 채권자는 채무자가 위 물품을 구매했음을 입증할 만한 그 어떤 객관적인 자료(구매계약서, 납품증, 영수증 등)를 전혀 제시하지 못하고 있습니다.

　　다. 채무자는 위 물품을 구매한 사실이 없는바, 과연 채권자는 무엇을 근거로 채무자가 위 물품을 구매했다고 주장하는 것인지 이해할 수 없습니다. 채권자가 자신의 청구를 인정받기 위해서는 채무자가 위 물품을 구매했음을 입증할 만한 객관적인 자료를 제출하여야 할 것입니다.

2. 가사 채권자의 주장이 사실이라 하더라도 이미 채권자의 물품대금청구권은 그 소멸시효가 완성되었습니다.

　가. 가사 백보를 양보하여 채권자의 주장이 사실이라 하더라도 ① 민법상 물품대금 청구권의 소멸시효는 3년이며, ② 할부판매거래에 관한 법률상 대금 청구권의 소멸시효도 3년입니다.

　나. 보건대, 채권자의 이 사건 지급명령 신청서는 위 물품대금 청구권 소멸시효의 기산점인 ○○○○. ○○. ○○.(채권자가 주장하는 변제기 다음날)로부터 소멸시효 기간인 3년이 경과했음이 역수(曆數)상 명백한 ○○○○. ○○. ○○.에야 귀 원에 접수되었습니다(대법원 나의 사건 검색 결과 참조). 결국 채권자의 이 사건 청구는 소멸시효가 경과한 후에 청구한 것이 명백하므로 채무자는 채권자의 청구에 응할 하등의 이유가 없습니다.

3. 결어
　이상과 같은 이유로 채권자의 청구는 인정될 수 없으므로 이를 기각해 주시기 바랍니다.

소명자료 및 첨부서류

　1. 을 제1호증　　　　　　　　　　대법원 나의 사건 열람 내역

○○○○ 년 ○○ 월 ○○ 일

위 피고 : ○ ○ ○ (인)

울산지방법원 양산시법원 귀중

11. 나홀로 소송 답변서 - 공사대금

답 변 서

재판장확인
· · · · · · · · · · ·

사건번호 : ○○○○가단○○○○호   공사대금

원   고 : ○   ○   ○

피   고 : ○   ○   ○

부본영수
· · · · · · · · · · ·

○○○○ 년 ○○ 월 ○○ 일

위 피고 : ○   ○   ○   (인)

군산지원 민사 제1단독 귀중

답 변 서

사건번호 : ○○○○가단○○○○호   공사대금
원   고 : ○ ○ ○
피   고 : ○ ○ ○

위 사건에 관하여 피고는 다음과 같이 답변합니다.

- 다 음 -

청구취지에 대한 답변

1. 원고의 청구를 기각한다.

2. 소송비용은 원고의 부담으로 한다.

라는 판결을 구합니다.

청구원인에 대한 답변

1. 원고의 청구원인 사실 중, 제1항 및 제4항 기재의 사실은 인정하고 그 나머지는 인정할 수 없어 항변합니다.

2. 원고가 한 공사는 다음과 같은 하자와 결함이 있습니다.

  (1) 본건 건물의 3층의 남쪽 베란다의 공사는 도급계약서 및 공사시방서와 같이 공사가 되지 않았습니다.

  (2) 본건 건물의 1층 부엌 및 목욕탕에서의 배수를 하수관에 연결할 때에 그 공사방법이 결함이 있어서 목욕탕에서 배수할 때 물이 넘쳐 흘러나와 부근의 지면을 흠뻑 적셔버립니다.

(3) 본건 건물 옥상에서 물이 스며들어 결로가 생기는 등 아래로 내려오는 기둥에 균열이 가는 등 하자가 발생하였습니다.

3. 피고는 원고에게 수차에 걸쳐 하자공사를 해 달라고 요구하였지만 원고는 차일피일 미루고 있으면서 위 중대한 하자공사를 하자 않고 있습니다.

4. 이 때문에 피고는 어쩔 수 없는 상황에서 위 하자에 대한 소외 ○○건축으로부터 보수공사에 따른 공사비의 견적을 받아 ○○○○. ○○. ○○. 금 ○○,○○○,○○○원을 지급하고 하자공사를 완료하였습니다.

5. 위 하자공사비는 당연히 완전한 공사를 하지 못한 원고의 채무와 불이행을 한 것에 의하여 피고에게 생긴 손해이므로 원고는 피고에 대해 배상할 의무가 있습니다.

6. 따라서 피고는 원고에 대해 민법 제536조에 의하여 상기 하자보수비용 금 ○○,○○○,○○○원의 지급이 있을 때까지의 본건 공사대금잔액의 지급을 거절하는 것이므로 원고의 청구를 기각하여 주시기 바랍니다.

소명자료 및 첨부서류

1. 을 제1호증 　　　　　　　　　　　하자보수 계약서

1. 을 제2호증 　　　　　　　　　　　현황사진

○○○○ 년 ○○ 월 ○○ 일

위 피고 : ○　○　○　(인)

군산지원 민사 제1단독 귀중

준 비 서 면

사   건 : ○○○○나○○○○호 대여금항소

원고(피항소인) : ○   ○   ○

피고(항 소 인) : ○   ○   ○

○○○○ 년 ○○ 월 ○○ 일

위 피고(항소인) : ○ ○ ○ (인)

서울 동부지방법원 제2민사부 귀중

준 비 서 면

사   건 : ○○○○나○○○○호 대여금항소
원고(피항소인) : ○   ○   ○
피고(항 소 인) : ○   ○   ○

위 사건에 관하여 피고는 다음과 같이 변론을 준비합니다.

- 다 음 -

1. 원고의 허위주장

   원고는 피고에게 ○○○○. ○○. ○○. 돈을 빌려주면서 현금보관증을 받았고, 피고의 처 명의로 된 ○○○○상가를 담보로 제공받고 6개월만 사용하고 변제하겠다고 사정을 해서 5,000만원을 빌려준 것이라고 거짓말을 하고 있습니다.

   피고는 원고에게 ○○○○상가를 담보로 제공한 사실이 전혀 없습니다.

   또한 원고는 ○○○○. ○○. ○○. 제출한 준비서면 3.항에서 위 담보로 제공한 ○○○○임대차 계약서로 말을 바꿔 인감증명서까지 붙여 담보로 제공받았으나 피고가 이를 잠깐 빌려간 후 돌려주지 않고 있다고 주장하고 있으나 이 또한 새빨간 거짓말입니다.

   피고는 원고에게 ○○○○상가나, 원고가 주장하는 ○○○○임대차 계약서와 인감증명서를 원고에게 교부한 사실도 없고 이를 빌려온 사실 또한 없습니다.

2. 피고의 항변

   원고주장의 현금보관증에는 "일금 5,000만원 위 금액을 ○ ○○○. ○○. ○○. 채용하여 ○○○○. ○○. ○○.까지 상환하기로 하고, 투자금액 5,000만원에 5,000만원을 함께 총 1억 원을 상환하기로 하고, 현금보관을 약속합니다."로 기재되어 있습니다.

   원고는 6개월만 사용하겠다고 해서 5,000만원을 피고에게 빌려준 것으로 주

장하고 있으나 현금보관증에는 차용기간이 명시되어 있지만 분명한 것은 투자 금이라고 명시되어 있고 투자 금 5,000만원의 투자 금에 이익금으로 5,000만원을 포함해 총 1억 원을 상환하기로 하고 현금보관을 약속한다. 라고 기재된 사실은 이는 투자 금이며 현금보관을 약속한 것이고 피고가 원고로부터 금 5,000만원을 차용하고 변제하기로 한 현금보관증이 아닙니다.

그래서 원고도 현금보관증상의 상환기일인 ○○○○. ○○. ○○.이후 ○○○○. ○○. ○○.불과 시효를 1달가량 앞두고 피고를 상대로 한 귀원 ○○○○가단○○○○호로 청구한 것 외에는 달리 청구한 사실이 없습니다.

분명한 것은 현금보관증에 기재된 바와 같이 5,000만원을 ○○○○를 통해 투자하고 이를 이익금을 5,000만원을 더한 1억 원을 받기로 한 것이고, 5,000만원을 빌리고 6개월 만에 이자로 5,000만원을 포함해 1억 원을 지급하기로 한 차용증도 아니고 현금보관증이 아니라는 사실입니다.

그래서 원고의 주장은 일관성이 없을 수밖에 없습니다.

원고가 사업주체인 ○○○○ 대표로부터 자신이 ○○○○를 통해 투자한 지분 금에 대하여 금 1,500만원도 원고가 직접 수령하였다는 사실, 현금보관증에는 5,000만원이 분명하게 투자 금이라고 기재된 사실, 투자 금에 대한 이자가 아닌 이익금으로 5,000만을 포함하여 총 1억 원을 지급받기로 약속받은 사실, 담보로 받은 상가라고 했다가 임대차 계약서라고 횡설수설하는 것을 빌려달라고 해서 빌려줬다는 거짓말만 보더라도 원고의 주장은 속이 흔히 들여다보이는 거짓입니다.

3. 부지주장에 따른 증인허가요청

원고는 ○○○○년도부터 주식회사 ○○○○가 분양하던 충무로 소재 ○○○○에 대하여 지분으로 참여하는 등 이곳에서 피고 등을 대동하고 지분분양을 한 관계로 ○○○○를 잘 알고 ○○○○가 ○○○ ○○○○와 추진하던 분양 대행에도 지분으로 또 참여하였던 것인데 전혀 듣지도 보지도 못한 ○○○○라고 주장하는가 하면 그 회사의 대표이사만 알고 있다는 등 횡설수설하여 도대체가 피고로서는 종잡을 수가 없고 어디까지가 진실이고 어디까지가 사실인지 알 수가 없습니다.

그래서 피고는 이 사건 ○○○○ 분양대행사업으로 원고와 같은 지분투자자를 모집하여 분양대행보증금으로 금 7억 원을 지급하는 등 이 사건 사업의 주체인 주식회사 ○○○○의 그 당시 대표이사인 소외 ○○○를 증인으로 신청하오니 허가해 주시기 바랍니다.

피고로서는 재판부에서 허가만 되신다면 ○○○○의 사업주체인 ○○○○의 대표인 소외 ○○○이가 지분투자자에게 투자 금을 돌려주는 과정에서 원고에게도 1,500만원을 지급한 사실이 있으므로 소외 ○○○을 증인으로 출석시켜 피고의 주장에 대하여 증인신문 하신 연후에 판단을 해 주시면 깨끗이 그 결과에 승복하겠습니다.

4. 결론

피고는 정말 억울합니다.

분명한 것은 원고가 ○○○○를 통해 ○○○○ ○○○○로 지분투자 금으로 투자한 것이지 피고에게 대여한 돈이 절대 아닙니다.

10년 동안이나 원고가 가만히 있었던 것도 피고에게 빌려준 돈이 아니기 때문에 청구하지 않았던 것입니다.

피고는 원고와 분양대행경험을 되살려 ○○○○에서 분양을 하기 위해서 원고의 지분투자 금을 ○○○○가 ○○○○ ○○○로 투자되는 동안 현금보관을 약속한다고 현금보관증을 작성해 준 것일 뿐 피고가 돈을 원고로부터 차용한 것이 아닙니다.

원고가 피고에게 돈을 빌려준 것이라면 원고가 지분 투자한 ○○○○ 대표인 ○○○에게 찾아가 자신이 투자한 지분투자금의 일부금인 금 1,500만원을 받을 이유도 없을 텐데 원고가 직접 수령한 사실만 보더라도 원고가 피고에게 돈을 빌려 준 것으로 뒤집어씌웠다는 사실이 밝혀지고 있습니다.

피고가 원고에게 사술을 부리고 거짓말을 하여 지분투자하게 하여 손실을 끼친 것도 아니고 이는 순전히 원고가 자의적으로 ○○○○와 ○○○○를 상대로 투자한 지분투자 금이지 피고에게 대여한 돈이 아니라는 사실입니다.

제가 잘못하고 책임을 져야 하는 것이라면 응당 책임을 지는 모습을 보였을 텐데 원고의 주장은 생트집도 이런 생트집이 없습니다.

다시 한 번 분명하게 말씀드리지만 피고는 원고에게 돈을 빌리면서 현금보관 증을 작성한 것이 아닙니다.

피고는 원고에게 담보물을 제공한 사실도 없고 무엇을 돌려받거나 빌려온 사실도 없습니다.

피고는 이러한 일에 시간을 허비하고 있지도 않은 거짓말에 놀아나는 것이 억울하고 분할 뿐입니다.

원고가 손해를 보고 지분투자 금을 전액 회수하지 못한 것에 대해서는 미안한 마음만 있을 뿐이지 그렇다고 해서 피고가 돈을 빌린 사실도 없는데 빌린 것으로 둔갑시켜놓고 달라고 몰아붙이는 것은 정말 잘못된 것입니다.

부디 원고의 청구를 기각하는 판결을 희망합니다.

소명자료 및 첨부서류

1. 을 제3호증   주식회사 ○○○○ 등기부등본

1. 을 제4호증   ○○○○의 사업자등록증

○○○○ 년 ○○ 월 ○○ 일

위 피고(항소인) : ○ ○ ○ (인)

서울 동부지방법원 제2민사부 귀중

준 비 서 면

사건번호 : ○○○○가소○○○○호   대여금

원   고 : ○   ○   ○

피   고 : ○   ○   ○

○○○○ 년 ○○ 월 ○○ 일

위 원고 : ○   ○   ○   (인)

수원지방법원 오산시법원 귀중

준 비 서 면

사건번호 : ○○○○가소○○○○호   대여금
원   고 : ○   ○   ○
피   고 : ○   ○   ○

위 사건에 관하여 원고는 피고의 ○○○○. ○○. ○○.자 이행권고결정에 대한 이의신청서 및 답변서에 대하여 다음과 같이 변론을 준비합니다.

- 다 음 -

1. 피고의 ○○○○. ○○. ○○. 답변에 대한 주장요지를 정리하겠습니다.

   가, 피고는 원고로부터 이 사건 청구의 돈을 차용한 사실이 일체 없으므로 청구원인 사실은 전부 부인한다.

   나, 다만 피고의 어머니 ○○○가 피고 명의로 음식점사업자등록을 내고 식당을 운영하면서 피고 명의의 통장으로 거래를 한 것은 사실이다.라는 주장입니다.

2. 원고의 반박 요지

   가, 이 사건 대여금

   ○ 피고의 어머니 소외 ○○○(이하 앞으로는'○○○'만으로 줄여 쓰겠습니다)가 장사를 하면서 많은 빚을 졌는데 자신의 이름으로는 식당을 운영할 수 없어서, 식당명의를 아들인 피고 앞으로 하고 식당을 하려고 하는데 식당운영자금을 빌려달라고 했습니다.

   ○ 원고로서는 ○○○는 많은 채무를 부담하고 있었기 때문에 단호히 거절하였는데 피고의 명의로 돈을 빌리고 피고의 명의로 식당을 운영하고 피고 명의로 된 계좌로 변제하기로 하고 원고는 피고명의의 우리은행

계좌번호 ○○○-○○-○○○○○으로 ○○○○. ○○. ○○. 금 ○○,○
○○,○○○원을 계좌이체 하고 피고에게 대여하였습니다.

○ 실제 피고의 명의로 식당에 대한 사업자등록이 되어 있었고, 계좌번호도
피고의 명의고 피고명의로 ○○○가 식당을 운영하기 때문에 믿고 돈을
빌려준 것입니다.

○ 원고는 위 식당에 대한 사업자등록이나 모든 입출금관리 계좌번호가 피
고명의여서 피고의 명의로 돈을 빌려줘도 별 문제가 없을 것이라는 생
각에서 돈을 빌려준 것입니다.

나, 피고의 일부변제

○ 피고는 위 변제기에 이르러 ○○○○. ○○. ○○.금 ○,○○○,○○○원
만 피고가 직접 원고의 계좌로 지급하고 현재에 이르기까지 금 ○,○○
○,○○○원을 지급하지 않고 있습니다.

다, 피고의 명의대여

○ 피고는 이 사건 답변서 나,항에서'피고의 어머니 ○○○가 피고 명의로
음식점사업자등록을 내고 식당을 운영하면서 피고 명의의 통장으로 거
래를 한 것은 사실이다.'라고 명의를 도용당한 것이 아니라 대여한 사실
을 인정하고 있습니다.

○ 피고가 자신의 어머니에게 식당허가나 사업자등록 또는 피고 명의의 입
출금통장을 개설하여 식당을 영업하고 모든 법적인 책임을 지는 조건으
로 명의를 대여한 것입니다.

○ 자신의 명의를 어머니에게 대여하고 어머니가 자신의 명의로 식당 영업
을 하면서 자신의 이름으로 돈을 빌린 것이므로 피고가 변제할 의무가
있습니다.

○ 그러나 피고는 쌓여가는 어머니의 빚 때문에 자신의 이름으로 식당을
운영하기 위해서 피고의 명의로 발생된 채무 또한 피고가 변제할 책임
이 있습니다.

○ 피고는 어머니에게 명의를 빌려 주고 사업자등록을 내거나 통장을 개설하는데 대하여 사기나 강박 착오 등의 상황이 아니라면 피고의 명의로 된 채무는 피고가 변제하여야 합니다.

○ 가족 간이라 할지라도 피고의 어머니가 피고의 동의 없이 명의를 도용하여 발생된 원고의 채무라고 한다면 피고는 류선희를 사문서위조 및 위조사문서행사죄를 적용한 형사고소를 하였어야 하는데 피고는 아무런 조치를 취하지 않았습니다.

라. 피고의 변제의무

○ 피고의 이름으로 진 빚은 피고가 갚아야 합니다.

○ 부모가 자신의 명의로 카드를 발급받았지만, 실제 카드는 자식들이 사용했습니다. 그런데 부모가 노년에 개인파산을 인정받아 채무가 면제됐다면 자식이 쓴 카드 값도 카드사가 받을 수 없는지가 문제가 됐었습니다. 법원은 "자녀가 실제 카드사용자라도 부모 명의로 카드가 발급된 이상 카드 값 채무 역시 부모의 몫"이라는 게 일관된 판례도 있습니다.

○ 민법은 '계약 당사자주의'를 채택하고 있기 때문에 부모가 자신의 명의로 카드를 발급받은 이상 부모가 채무를 부담해야 한다는 것"이라고 설명했습니다.

○ 피고의 명의로 모든 거래가 이루어졌기 때문에 피고가 명의를 대여함으로써 원고가 피고의 명의로 금전을 거래한 이상 피고가 위 대여금을 변제할 의무가 있습니다.

○ 따라서 피고가 명의를 대여하지 않았다면 ○○○에게 금전거래를 하지 않았을 것이고 피고가 명의를 대여함으로써 원고가 피고에게 식당운영자금으로 대여한 것이므로 피고가 지급해야 할 의무가 있습니다.

3. 결어

피고의 주장은 여러 모로 보아 전혀 이유가 없는 것이므로 원고의 청구를 인용하는 판결을 선고하여 주시기 바랍니다.

소명자료 및 첨부서류

1. 준비서면 부본   1통

○○○○ 년 ○○ 월 ○○ 일

위 원고: ○ ○ ○ (인)

수원지방법원 오산시법원 귀중

준 비 서 면

사건번호 : ○○○○가소○○○○호   대여금

원   고 : ○   ○   ○

피   고 : ○   ○   ○

○○○○ 년 ○○ 월 ○○ 일

위 원고 : ○   ○   ○   (인)

창원지방법원 창원남부시법원 귀중

준 비 서 면

사건번호 : ○○○○가소○○○○호　대여금
원　고 : ○　○　○
피　고 : ○　○　○

　　위 사건에 관하여 원고는 피고의 ○○○○. ○○. ○○.자 이행권고결정에 대한 이의신청서 및 답변서에 대하여 다음과 같이 변론을 준비합니다.(이 사건 변론기일은 ○○○○. ○○. ○○. 오후 ○○:○○분입니다.)

- 다　음 -

1. 피고의 ○○○○. ○○. ○○. 답변에 대한 주장요지를 정리하겠습니다.

　가, 피고는 원고로부터 이 사건 청구의 돈을 차용한 사실이 일체 없으므로 청구원인 사실은 전부 부인한다.

　나, 다만 피고의 어머니 ○○○가 피고 명의로 음식점사업자등록을 내고 식당을 운영하면서 피고 명의의 통장으로 거래를 한 것은 사실이다. 라는 주장입니다.

2. 원고의 반박 요지

　가, 이 사건 대여금

　　○ 피고의 어머니 소외 ○○○(이하 앞으로는'○○○'만으로 줄여 쓰겠습니다)가 식당을 하면서 많은 빚을 많이 졌는데 자신의 이름으로는 식당을 운영할 수 없어서, 식당명의를 아들인 피고 앞으로 하고 식당을 하려고 하는데 식당운영자금을 빌려달라고 했습니다.

　　○ 원고로서는 ○○○는 많은 채무를 부담하고 있었기 때문에 단호히 거절하자 피고의 명의로 돈을 빌리고 피고의 명의로 식당을 운영하고 피고

명의로 된 계좌로 변제하기로 약속하여 원고는 피고명의의 우리은행 계좌번호로 ○○○○. ○○. ○○. 금 ○○,○○○,○○○원을 계좌이체 하여 피고에게 대여하였습니다.

○ 실제 피고의 명의로 식당에 대한 사업자등록이 되어 있었고, 계좌번호도 피고의 명의고 피고 명의로 ○○○가 식당을 운영하기 때문에 믿고 돈을 빌려줬습니다.

○ 원고는 위 식당에 대한 사업자등록이나 모든 입출금관리 계좌번호가 피고명의여서 피고의 명의로 돈을 빌려줘도 별 문제가 없을 것이라는 생각에서 돈을 빌려준 것입니다.

나. 피고의 일부변제

○ 피고는 위 변제기에 이르러 ○○○○. ○○. ○○. 금 ○,○○○,○○○원만 피고가 직접 원고의 계좌로 지급하고 현재에 이르기까지 금 ○,○○○,○○○원을 지급하지 않고 있습니다.

다. 피고의 명의대여

○ 피고는 이 사건 답변서 나.항에서 '피고의 어머니 ○○○가 피고 명의로 음식점사업자등록을 내고 식당을 운영하면서 피고 명의의 통장으로 거래를 한 것은 사실이다.'라고 명의를 도용당한 것이 아니라 대여한 사실을 인정하고 있습니다.

○ 피고가 자신의 어머니에게 식당허가나 사업자등록 또는 피고 명의의 입출금통장을 개설하여 식당을 영업하고 모든 법적인 책임을 지는 조건으로 명의를 대여한 것입니다.

○ 자신의 명의를 어머니에게 대여하고 어머니가 자신의 명의로 식당 영업을 하면서 자신의 이름으로 돈을 빌린 것이므로 이는 피고가 전적으로 변제할 의무가 있습니다.

○ 그러나 피고는 쌓여가는 어머니의 빚 때문에 자신의 이름으로 식당을 운영하기 위해서 피고의 명의로 발생된 채무 또한 피고가 변제할 책임이 있습니다.

○ 피고는 어머니에게 명의를 빌려 주고 사업자등록을 내거나 통장을 개설하는데 대하여 사기나 강박 착오 등이 없었음으로 피고의 명의로 된 채무는 피고가 변제하여야 합니다.

○ 가족 간이라 할지라도 피고의 어머니가 피고의 동의 없이 명의를 도용하여 발생된 원고의 채무라고 한다면 피고는 ○○○을 사문서위조 및 위조사문서행사죄를 적용한 형사고소를 하였어야 하는데 피고는 아무런 조치를 취하지도 않았습니다.

라, 피고의 변제의무

○ 피고의 이름으로 진 빚은 피고가 갚아야 합니다.

○ 부모가 자신의 명의로 카드를 발급받았지만, 실제 카드는 자식들이 사용했습니다. 그런데 부모가 노년에 개인파산을 인정받아 채무가 면제됐다면 자식이 쓴 카드 값도 카드사가 받을 수 없는지가 문제가 됐었습니다. 법원은 "자녀가 실제 카드사용자라도 부모 명의로 카드가 발급된 이상 카드 값 채무 역시 부모의 몫"이라는 게 일관된 판례도 있습니다.

○ 민법은 '계약 당사자주의'를 채택하고 있기 때문에 부모가 자신의 명의로 카드를 발급받은 이상 부모가 채무를 부담해야 한다는 것"이라고 설명했습니다.

○ 피고의 명의로 모든 거래가 이루어졌기 때문에 피고가 명의를 대여함으로써 원고가 피고의 명의로 금전을 거래한 이상 피고가 위 대여금을 변제할 의무가 있습니다.

○ 따라서 피고가 명의를 대여하지 않았다면 ○○○에게 금전거래를 하지 않았을 것이고 피고가 명의를 대여함으로써 원고가 피고에게 식당운영자금으로 대여한 것이므로 피고가 지급해야 할 의무가 있습니다.

3. 결어

피고의 주장은 여러 모로 보아 전혀 이유가 없는 것이므로 원고의 청구를 인용하는 판결을 선고하여 주시기 바랍니다.

소명자료 및 첨부서류

1. 준비서면 부본   1통

○○○○ 년 ○○ 월 ○○ 일

위 원고 : ○ ○ ○ (인)

창원지방법원 창원남부시법원 귀중

15. 당사자표시정정신청서 - 사실조회 후 당사자표시 정정

당 사 자 표 시 정 정 신 청 서

사   건 : ○○○○가소○○○○호   대여금

원   고 : ○ ○ ○

피   고 : ○ ○ ○

이 사건에 관하여 원고는 다음과 같이 당사자 표시를 정정합니다.

- 다   음 -

1. 정정 전 당사자의 표시

   피고   ○ ○ ○ (주민등록번호 보정하겠습니다)

      주소 : 보정하겠습니다.

2. 정정 후 당사자의 표시

   피고   ○ ○ ○ (주민등록번호)

      주소 : 부산광역시 ○○구 ○○로 ○○번길 ○○, ○○○호

      (○○동, ○○○빌라)

3. 신청이유

   원고는 이 사건 소장표시와 관련하여 피고의 주민등록번호와 주소를 알지 못하여 피고의 거래은행에 대한 사실조회촉탁신청으로 피고의 주소와 주민등록번호를 확보하여 당사자를 특정하고자 하오니 피고의 표시를 정정하여 주시기 바랍니다.

4. 첨부서류

　　피고에 대한 주민등록표초본을 첨부하겠습니다.

ㅇㅇㅇㅇ 년 ㅇㅇ 월 ㅇㅇ 일

위 원고 : ㅇ ㅇ ㅇ (인)

부산 서부지원 민사 제22단독 귀중

16. 청구취지 변경신청서 - 경계측량 후 변경

청 구 취 지 변 경 신 청 서

사　　건 : ○○○○가합○○○○호 주위토지통행권확인

원　　고 : ○　○　○

피　　고 : ○　○　○

변 경 후 소 가	금	원
(변경후)총인지액	금	원
기 첩부　인지액	금	원
추가첩부 인지액	금	원
접수담당 공무원		
접수인		

○○○○ 년 ○○ 월 ○○ 일

위 원고 : ○　○　○　(인)

부산지방법원 제○민사부 귀중

청 구 취 지   변 경 신 청 서

사　　건 :　○○○○가합○○○○호 주위토지통행권확인

원　　고 :　○　　○　　○

피　　고 :　○　　○　　○

　　위 당사자 간 귀원 주위토지통행권확인 등 청구사건에 관하여 원고는 다음과 같이 청구취지 및 청구원인을 변경합니다.

- 다　　음 -

변경된 청구취지

1. 피고는 원고에 대하여 원고에게 부산시 ○○구 ○○로 ○○길 ○○, 대 ○○ ○.○○㎡ 중 별지도면 ㄱ, 16, 19, 20, 18, 17, 3, 0, 5, ㄱ의 각 점을 순차로 연결한 선내부분 ○○.○○㎡에 관하여 통행권이 있음을 확인하고, 그 부분에 식재된 토란 ○○포기와 코스모스 꽃을 수거하고 원고의 그 부분 통행을 방해하여서는 아니 된다.

2. 원고에 대하여 피고는 위도면 표시 6, 7의 각 지상에 세워진 길이 40센티미터×0.34미터 높이 2.1미터 철제파이프조 대문, 0과 17을 연결한 선상에 세워진 길이 2미터, 높이 0.8미터, 두께 0.2미터의 연화조 및 시멘트벽돌조 담장, 5와 4를 연결한 선상에 세워진 길이 1.8미터, 높이 1.9미터, 두께 0.1~0.2미터의 시멘트벽돌조 담당을 각 철거하라.

3. 소송비용은 피고의 부담으로 한다.

4. 위 제2항은 가집행할 수 있다.

라는 판결을 구합니다.

소명자료 및 첨부서류

1. 청구취지 변경신청서 부본   2통

○○○○ 년 ○○ 월 ○○ 일

위 원고 : ○ ○ ○ (인)

부산지방법원 제○민사부 귀중

청 구 취 지 및 원 인 변 경 신 청 서

사　건 : ○○○○가합○○○○호 상가분양대금반환 등

원　고 : ○　○　○

피　고 : ○　○　○

변 경 후 소 가	금	원
(변경후)총인지액	금	원
기 첩부 인지액	금	원
추가첩부 인지액	금	원
접수담당 공무원		
접수인		

○○○○ 년 ○○ 월 ○○ 일

위 원고 : ○　○　○　(인)

부산 동부지원 제○민사부 귀중

청 구 취 지 및 원 인 변 경 신 청 서

사　　건 : ○○○○가합○○○○호 상가분양대금반환 등
원　　고 : ○　　○　　○
피　　고 : ○　　○　　○

　　위 당사자 간 귀원 상가분양대금반환 등 청구사건에 관하여 원고는 다음과 같이 청구취지 및 청구원인을 변경합니다.

- 다 음 -

변경된 청구취지

1. 피고는 원고에게 금 150,000,000원 및 이에 대하여 이 사건 소장의 부본이 송달된 그 다음날부터 다 갚는 날까지 연 12%의 비율에 의한 금원을 각 지급하라.

2. 소송비용은 피고의 부담으로 한다.

3. 위 제1항은 가집행할 수 있다.

라는 판결을 구합니다.

청구원인

1. 원고는 피고로부터 부산광역시 ○○구 ○○로길 ○○, 소재 ○○아파트상가 지상 1층 ○○○호를 분양받기로 하고 다음과 같이 약정하여 ○○○○. ○○. ○○.분양계약을 체결하였습니다.

- 다 음 -

(1) 계약금 30,000,000원, 2차 계약금 13,000,000원 중도금 77,000,000원, 잔금 80,000,000 등 분양대금 합계 200,000,000원

(2) 용도 : 식품, 잡화, 24시 편의점,

(3) 원고의 23시 편의점은 분양하지 않는다.

2. 원고는 위 약정에 따라 계약금과 중도금 합계 금 120,000,000원을 피고에게 지급하였으나 피고는 원고에게 24시 편의점 용도로 분양하지 않겠다는 약정을 위반하고 동 상가에 ○○○호를 24시 편의점으로 분양하였습니다.

3. 원고는 수차례에 걸쳐 피고에게 동 상가의 ○○○호를 24시 편의점으로 분양한 것을 취소하고 위 약정을 성실히 이행할 것을 상당기간을 정하여 촉구하였으나 피고가 이를 이행치 않아 원고는 ○○○○. ○○. ○○.민법 제544조 이행지체로 인한 분양계약의 해약통고를 내용증명으로 우송하고 민법 제548조의 원상회복으로 분양대금 금 120,000,000원의 반환과 민법 제390조 채무불이행으로 인한 손해배상을 청구하며 그 금액은 분양계약서 제14조 제1항의 규정에 의하여 일반관계에 따라 계약금의 배약에 해당하는 30,000,000원의 배상을 요구하였으나 피고가 이에 응하지 않아 청구취지와 같은 판결을 받고자 본소 청구에 이르게 된 것입니다.

소명자료 및 첨부서류

1. 청구취지 및 원인 변경신청서 부본   2통

○○○○ 년 ○○ 월 ○○ 일

위 원고 : ○ ○ ○ (인)

부산 동부지원 제○민사부 귀중

18. 보정명령발령요청서

보정명령발령요청서

사   건 : ○○○○가단○○○○호 소유권이전등기

원   고 : ○ ○ ○

피   고 : ○ ○ ○

위 사건에 관하여 원고는 망 ○○○의 재산 상속인들을 정확히 알 수 없어 피고들을 특정하지 못하였습니다.

귀원의 보정명령에 의하여 망 ○○○의 제적등본 및 상속인들의 주민등록초본을 발급받아 보았으나 위 상속인들 중 상당수가 사망하여 아직 상속관계를 정확히 파악할 수 없습니다.

따라서 망 ○○○의 상속관계를 파악할 수 있도록 아래 표시된 사항에 대한 보정명령을 내려주시기 바랍니다.

- 아 래 -

1. 망 ○대○(주민등록번호 : ○○○○○○-○○○○○○○)
2. 망 ○주○(주민등록번호 : ○○○○○○-○○○○○○○)
3. 망 ○분○(주민등록번호 : ○○○○○○-○○○○○○○)

위 각 제적등본, 가족관계증명서, 기본증명서, 혼인관계증명서, 상속인의 주민등록초본

소명자료 및 첨부서류

1. 사실조회에 따른 회신서   1통

○○○○ 년 ○○ 월 ○○ 일

위 원고 : ○   ○   ○   (인)

춘천지방법원 강릉지원 귀중

문 서 제 출 명 령   신 청 서

사　　건 : ○○○○가합○○○○호　　대여금청구

원　　고 : ○　○　○

피　　고 : ○　○　○

대구지방법원 제2민사부 귀중

문 서 제 출 명 령   신 청 서

사 건 : ○○○○가합○○○○호   대여금청구
원 고 : ○   ○   ○
피 고 : ○   ○   ○

위 사건에 관하여 원고의 주장사실을 입증하기 위하여 아래의 문서에 대하여 제출명령을 하여 줄 것을 신청합니다.

- 아 래 -

1. 문서의 표시 및 소지자

   피고가 소지하고 있는 ○○○○. ○○. ○○. 대여금에 대한 차용증서 1통

2. 문서의 취지

   ○○○○. ○○. ○○. 원고가 피고에게 돈을 대여하면서 차용증을 피고가 원고에게 교부하기로 한 문서입니다.

3. 입증취지

   이 사건 대여금은 원고가 피고에게 현금으로 대여하고 피고가 이에 대한 차용증을 교부하기로 하였던 것인데 이를 교부하지 않아 대여한 사실을 입증하고자 합니다.

○○○○ 년 ○○ 월 ○○ 일

위 원고 : ○ ○ ○ (인)

대구지방법원 제2민사부 귀중

금융거래 정보제출명령
신 청 서

사　　건 : ○○○○가소○○○○호　대여금

원　　고 : ○　　○　　○

피　　고 : ○　　○　　○

수원지방법원 평택지원 귀중

금융거래 정보제출명령 신청서

1. 원고

성명	○ ○ ○	주민등록번호	생략
주소	경기도 평택시 ○○로 ○○길 ○○○, ○○○호		
직업	회사원	사무실 주 소	생략
전화	(휴대폰) 010 - 7723 - 0000		
기타사항	이 사건 채권자입니다.		

2. 피고

성명	○ ○ ○	주민등록번호	보정하겠습니다.
주소	보정하겠습니다.		
직업	무지	사무실 주 소	생략
전화	(휴대폰) 010 - 1456 - 0000		
기타사항	이 사건 채무자입니다.		

3. 사실조회촉탁신청

신청취지

위 사건에 관하여 원고는 그 주장사실을 입증하고자 다음과 같이 사실조회를 신청합니다.

- 다 음 -

4. 사실조회의 목적

원고는 피고의 계좌로 이체하는 방법으로 송금하여 대여하였는바, 피고의 실명과 계좌개설 금융기관 말고는 피고의 인적사항을 전혀 알고 있지 못하고 있어, 소송 진행이 불가능해 질 수 있으므로 사실조회를 신청합니다.

5. 사실조회 할 곳

주식회사 우리은행

서울시 중구 소공로 51,(회원동 1가)

대표이사 정진완

6. 조회할 자의 인적사항

성   명 : ○ ○   ○

계좌번호 : ○○-○○-○○-○○○○

7. 사실조회 할 사항

별지 기재와 같습니다.

8. 소명자료 및 첨부서류

  (1) 조회할 사항 부본

○○○○ 년 ○○ 월 ○○ 일

위 원고 : ○ ○ ○ (인)

수원지방법원 평택지원 귀중

[별 지]

사실조회 할 사항

주식회사 우리은행 계좌번호 ○○-○○-○○-○○○○에 대한 예금주의 성명·주소·주민등록번호를 확인하여 주시기 바랍니다.

위 조회사항에 대하여 적정히 답변하여 주시고, 관련 자료의 사본을 송부해주시기 바랍니다.

- 이 상 -

사 실 조 회 신 청 서

사　　건 : ○○○○가소○○○○호　　대여금

원　　고 : ○　　○　　○

피　　고 : ○　　○　　○

수원지방법원 오산시법원 귀중

사 실 조 회 신 청 서

1. 원고

성명	○ ○ ○	주민등록번호	생략
주소	경기도 오산시 ○○로 ○○길 ○○○, ○○○호		
직업	상업	사무실 주 소	생략
전화	(휴대폰) 010 - 7722 - 0000		
기타사항	이 사건 채권자입니다.		

2. 피고

성명	○ ○ ○	주민등록번호	보정하겠습니다.
주소	보정하겠습니다.		
직업	무지	사무실 주 소	생략
전화	(휴대폰) 010 - 4567 - 0000		
기타사항	이 사건 채무자입니다.		

3. 사실조회촉탁신청

신청취지

위 사건에 관하여 원고는 그 주장사실을 입증하고자 다음과 같이 사실조회를 신청합니다.

- 다 음 -

4. 사실조회의 목적

소송 진행에 필요한 피고의 주민등록번호, 주소 등 구체적인 인적사항을 확인 하기 위함입니다.

5. 사실조회 할 기관1

성 명	주식회사 엘지유플러스
주 소	서울시 용산구 한강대로 32
대 표 자	대표이사 홍범식
전 화	(사무실) 1544 - 0010
기타사항	이 사건 사실조회 할 기관1 입니다.

사실조회 할 기관2

성 명	주식회사 케이티
주 소	경기도 성남시 분당구 불정로 90(정자동 206번지)
대 표 자	대표이사 김영섭
전 화	(사무실) 1588 - 0010
기타사항	이 사건 사실조회 할 기관2 입니다.

사실조회 할 기관3

성 명	주식회사 에스케이텔레콤
주 소	서울시 중구 을지로 65(을지로 2가) SKT-타워
대 표 자	대표이사 유영상
전 화	(사무실) 1600 - 2000
기타사항	이 사건 사실조회 할 기관3 입니다.

6. 사실조회 할 사항

별지 기재와 같습니다.

7. 소명자료 및 첨부서류

(1) 사실조회 할 사항 부본

○○○○ 년 ○○ 월 ○○ 일

위 원고 : ○ ○ ○ (인)

수원지방법원 오산시법원 귀중

[별 지]

사실조회 할 사항

    휴대폰번호 "〇〇〇 - 〇〇〇〇 - 〇〇〇〇"의 귀 통신사 가입 시 가입자의 이름 및 주민등록번호, 주소, 연락처 등 확인가능 한 인적사항 일체.

- 이 상 -

문 서 제 출 명 령   신 청 서

사   건 : ○○○○가단○○○○호   손해배상(의)청구

원   고 : ○   ○   ○ 외2

피   고 : 학교법인 ○○병원

부산지방법원 민사 제3단독 귀중

문 서 제 출 명 령 신 청 서

사　　건 : ○○○○가단○○○○호　　손해배상(의)청구

원　　고 : ○　○　○　외2

피　　고 : 학교법인 ○○병원

　　위 사건에 관하여 원고들은 피고에 관하여 아래의 문서에 대한 제출명령을 하여 주실 것을 신청합니다.

- 아　래 -

1. 문서의 보관자

　　○○대학교 ○○의료원

　　부산시 ○○구 ○○로 ○○길 ○○, ○○○호

2. 문서의 표시

　가, 소외 망 ○○○(주민등록번호 123456 - 2345678)의 진료비 총금액 및 환자부담금액, 수납금액 등 치료비 내역에 관련된 서류일체.

　나, 소외 망 ○○○(주민등록번호 123456 - 2345678)의 의무기록 일체.

3. 입증취지

　　소외 망 ○○○(주민등록번호 123456 - 2345678)의 진료비 내역 및 의무기록에 대해 알고자 합니다.

4. 제출의무

　　피고는 당연히 위 문서 등을 보관하고 있으므로 재판의 신속, 정확을 위하고 공정한 재판을 위하여 이를 제출할 의무가 있다 할 것입니다.

○○○○ 년 ○○ 월 ○○ 일

위 원고1 : ○ ○ ○ (인)

위 원고2 : ○ ○ ○ (인)

위 원고3 : ○ ○ ○ (인)

부산지방법원 민사 제3단독 귀중

문 서 제 출 명 령 신 청 서

사　　건 : ○○○○가소○○○○호　 손해배상 청구

원　　고 : ○　 ○　 ○

피　　고 : ○　 ○　 ○

전주지방법원 제2민사부 귀중

문 서 제 출 명 령 신 청 서

사　　건 : ○○○○가소○○○○호　　손해배상 청구

원　　고 : ○　○　○

피　　고 : ○　○　○

　　위 사건에 관하여 원고의 주장사실을 입증하기 위하여 아래의 문서에 대하여 제출명령을 하여 줄 것을 신청합니다.

- 아　래 -

1. 문서의 표시

　○ 원고, 피고 간에 ○○○○. ○○. ○○.자 작성된 이행각서 원본 1통.

2. 문서의 취지

　○ 위 이행각서는 피고가 ○○○○. ○○. ○○.에 원고에게 다시는 구타를 하지 않겠다는 내용의 이행각서로서 원고, 피고쌍방이 각1통씩 보관하고 있는 것 입니다.

3. 문서의 소지자

　○ 피고 본인

4. 증명할 사실

　○ 원고가 이건 증거로 제시한 갑제1호증상의 위자료금액이 원고 임의로 조작 기재한 것이 아님을 입증하기 위함에 있습니다.

5. 문서제출 의무의 원인

○ 민사소송법 제316조 제1호에 의한 당사자가 소송에서 인용한 문서를 소지한 때에 해당합니다.

○○○○ 년 ○○ 월 ○○ 일

위 원고 : ○ ○ ○ (인)

전주지방법원 제2민사부 귀중

24. 문서송부촉탁신청서 - 수사기록 촉탁신청

문 서 송 부 촉 탁 신 청 서

사　　건 : ○○○○가단○○○○호　　손해배상(자)청구

원　　고 : ○　○　○

피　　고 : ○　○　○

창원지방법원 민사 제○단독 귀중

문 서 송 부 촉 탁 신 청 서

사   건 : ○○○○가단○○○○호   손해배상(자)청구

원   고 : ○ ○ ○

피   고 : ○ ○ ○

위 사건에 관하여 원고는 그 주장사실을 입증하고자 다음과 같이 수사기록등
본 송부촉탁을 신청합니다.

- 다 음 -

1. 기록의 보관자

○ 창원지방검찰청 ○○○○년 형제○○○○호 피의자 ○○○에 대한 교통정리가
행하여지고 있는 교차로에서 횡단보도 보행자 보호위반 사건의 수사기록 일체.

2. 기록의 소재

○ 창원지방검찰청(내) 기록보존 계에 기록이 보존되어 있습니다.

○○○○ 년 ○○ 월 ○○ 일

위 원고 : ○ ○ ○   (인)

창원지방법원 민사 제○단독 귀중

25. 문서송부촉탁신청서 - 등기신청기록

문 서 송 부 촉 탁 신 청 서

사　　건 : ○○○○가단○○○○호 소유권이전등기말소 등

원　　고 : ○　○　○

피　　고 : ○　○　○

광주지방법원 민사 제○단독 귀중

문 서 송 부 촉 탁 신 청 서

사   건 : ○○○○가단○○○○호 소유권이전등기말소 등
원   고 : ○ ○ ○
피   고 : ○ ○ ○

위 사건에 관하여 원고는 그 주장사실을 입증하고자 다음과 같이 문서송부촉탁을 하여 줄 것을 신청합니다.

- 다 음 -

1. 송부촉탁 할 기관

○ 광주지방법원 등기과

2. 문서의 표시

○ 광주광역시 ○○구 ○○로길 ○○, 대 ○○○.○○㎡에 관하여 위 등기과 ○○○○. ○○. ○○. 접수 제○○○○호로 한 소유권이전등기 신청기록 전부.

3. 입증취지

○ 위조된 서류에 의하여 소우권이전등기가 되었음을 입증하고자 합니다.

○○○○ 년 ○○ 월 ○○ 일

위 원고 : ○ ○ ○ (인)

광주지방법원 민사 제○단독 귀중

소 송 고 지 서

원　　고 : ○　○　○

피　　고 : ○　○　○

손해배상(기) 청구의 소

소송물 가액금	금	원
첨부할 인지액	금	500 원
첨부한 인지액	금	500 원
납부한 송달료	금	31,200 원
비　　고		

대전지방법원 민사○○단독 귀중

소 송 고 지 서

1. 원고

성명	○ ○ ○	주민등록번호	생략
주소	대전시 ○○구 ○○로길 ○○, ○○○-○○○○호		
직업	학생	사무실 주 소	생략
전화	(휴대폰) 생략		
기타사항	이 사건 차량의 대여인 겸 원고입니다.		

2. 피고(고지인)

성명	○ ○ ○	주민등록번호	생략
주소	대전시 ○○구 ○○로 ○○○, ○○○호로		
직업	직원	사무실 주 소	생략
전화	(휴대폰) 010 - 9876 - 0000		
기타사항	이 사건 차량의 운전자 겸 피고입니다.		

3. 피고지인

성명	주식회사 ○○
주소	대전시 ○○구 ○○로길 ○○, ○○○호
직업	대표이사 ○○○
전화	(휴대폰) 생략
기타사항	이 사건 차량의 대여자 겸 렌터카입니다.

위 고지인은 피고지인에 대하여 원고 ○○○, 피고(고지인) 간의 서울 대전지방법원 ○○○○가소○○○○호 손해배상(기) 소송사건에 관하여 이를 고지합니다.

고지이유

1. 위 소송에 있어서 원고 주장의 요지

   가, 원고는 피고가 원고의 동의 없이 원고의 명의로 ○○○ 서비스를 이용하여 대전시 ○○구에서 ○○로부터 임대한'아반떼 CM7 신형 ○○○허○○○ 차량을 운행하였고 ○○○○. ○○. ○○. ○○:○○경 교통사고가 발생하였습니다.

   나, 한편 ○○는 이 사건 사고로 인하여 대여 명의자인 원고에게 교통사고로 인한 차량 피해 배상으로 금 ○○,○○○,○○○원을 청구하였고 ○○○○. ○○. ○○.자 내용증명을 통하여 채무불이행자정보등록에 따른 민원처리를 통보하였습니다.

다, 피고는 자신의 행위로 인하여 원고에게 위법한 침해가 발생하리라는 것을 인식하면서 원고의 ○○ 명의를 도용하였고, 운행 부주의로 말미암아 교통사고가 발생하여 원고에게 손해를 발생시켰으므로 피고는 원고에게 불법행위로 인한 손해를 배상할 책임이 있다며 피고는 불법행위자로서 원고가 ○○ 로부터 차량 수리비, 휴차료 등 명목으로 청구 받은 금 ○○,○○○,○○○원을 민법 제750조에 의해 배상할 책임이 있다는데 있습니다.

2. 원고가 직접 차량을 빌려준 것이지 불법행위는 아닙니다.

가, 원고와 피고(고지인)는 선후배 사이로 ○○○○. ○○. ○○. ○○:○○경 원고의 집 앞 골목에서 피고가 전화하여 같이 드라이브를 갔다 오자고 하자 원고는 피곤하다며 원고가 피고에게 자신이 가지고 있는 ○○의 아이디와 비밀번호를 피고의 휴대폰에 직접 원고가 로그인해주면서 원고의 휴대폰에서 유심 칩까지 꺼내 피고의 휴대폰에 집어넣고 ○○에 대한 원고의 본인인증까지 원고가 해주고 요금은 원고의 카카오뱅크 계좌 ○○○-○○-○○○-○○○로 요금을 보내달라고 해서 피고가 요금을 보내자 원고는 차량을 빌려준 수고비로 담배 한 갑을 사달라고 해서 피고는 담배를 사주고 차량을 빌렸던 것입니다.

나, 그런데 원고는 마치 피고가 원고의 명의를 도용하여 원고의 명의로 ○○ 서비스를 이용하고 이 사건 교통사고를 일으킨 것은 불법행위라며 허위 날조된 거짓말로 피고가 손해를 배상할 책임이 있다고 주장하고 있습니다.

3. ○○ 의 차량 정비 불량

가, 이 사건의 교통사고는 피고의 부주의로 교통사고가 발생한 것이 아니라 정비 불량으로 운행 도중에 차량의 오른쪽 앞바퀴가 빠지면서 미끄러져 차량이 그대로 주저앉은 사고로써 전적으로 정비를 철저히 하여 안전한 차량을 임대하여야 할 ○○ 피고지인의 책임이므로 만일 위 소송에서 피고(고지인)가 패소하여 피고가 원고에게 손해배상금을 지급할 경우 피고지인이 원고에게 차량에 대한 손해배상금을 원고로부터 되돌려 받는 소송을 하여야 합니다.

나, 이 사건의 교통사고는 피고지인의 정비 불량으로 일어난 교통사고로서 아무런 과실이 없는 피고로서는 지인들이 차량에 탑승하여 부상을 입고 치료를 받은 그 치료비를 도의적인 책임으로 피고가 모두 개인적으로 지급하였으므로 차량 정비 불량에 따른 운행 중에 외부에 그 어떤 충격 없이 앞바퀴가 빠지고 그대로 주저앉은 사고가 발생함으로써 피고가 입은 피고의 손해 또한 피고지인이 배상하여야 하기 때문에 원고는 피고를 상대로 피고는 피고지인을 상대로 피고지인은 원고를 상대로 상호 간의 손해배상을 청구할 우려가 다분히 있으므로 민사소송법 제77조 제1항에 의하여 위 소송을 고지하기에 이른 것입니다.

소송정도

위 소송에 있어서 피고(고지인)는 ○○○○. ○○. ○○.자 소장부본과 소송안내서, 당사자표시정정신청서, 답변서요약표를 송달받고 답변서를 제출한 상태에 있습니다.

○○○○ 년 ○ 월 ○○ 일

위 피고(고지인) : ○　○　○　(인)

대전지방법원 민사○○단독 귀중

27. 증언거부사유서 - 증언을 할 수 없는 사유

증 언 거 부 사 유 서

1.증인

성명	○ ○ ○	주민등록번호	-
주소	○○시 ○○구 ○○로 ○○, 고성아파트 ○○동 ○○○○호		
전화	(휴대폰)　　　　(자택)　　　　(사무실)		

사건번호 : ○○○○고단○○○○호(폭력 등)
사 건 명 : ○○○○
피 고 인 : ○ ○ ○

　　위 사건의 피고인에 관하여 귀 원으로부터 증인으로 채택되어 ○○○○. ○○. ○○. 15:00공판기일에 출석하라는 소환을 받았는바, 본인은 경기도 안성에서 의료업에 종사하면서 피고인을 치료한 사실이 있으나, 위 치료를 통하여 알게 된 사실은 의사로서 알게 된 환자의 비밀에 관한 것이므로 이러한 내용의 사실에 대하여는 증언을 거부하고자 합니다.

소명자료 및 첨부서류

　1. 진료기록사본　　　　　　　　　　　　　　　　1통

○○○○ 년 ○○ 월 ○○ 일

위 증인 : ○　○　○　(인)

수원지방법원 제2형사단독 귀중

28. 청구취지감축 및 원인 변경신청서

청 구 취 지 감 축 및 원 인
변 경 신 청 서

사　　건 : ○○○○가소○○○○호　　물품대금

원　　고 : ○　　○　　○

피　　고 : ○　　○　　○

변 경 후 소 가	금	원
(변경후)총인지액	금	원
기 첩부 인지액	금	원
추가첩부 인지액	금	원
접수담당 공무원		
접수인		

○○○○ 년 ○○ 월 ○○ 일

위 원고 : ○　○　○　(인)

강화군법원 민사 제1단독 귀중

청 구 취 지 감 축 및 원 인
변 경 신 청 서

사   건 : ○○○○가소○○○○호   물품대금
원   고 : ○   ○   ○
피   고 : ○   ○   ○

위 사건에 관하여 원고는 다음과 같이 청구취지감축 및 청구원인을 일부 변경합니다.

- 다   음 -

감축한 청구취지

1. 피고는 원고에게 금 4,433,640원을 지급하고, 이에 대하여 ○○○○. ○○. ○○.부터 이 사건 소장 부본 송달 일까지는 연 5푼, 그 다음날부터 다 갚는 날까지는 연 12%의 비율에 의한 금원을 지급하라.

2. 소송비용은 피고의 부담으로 한다.

3. 위 제1항은 가집행 할 수 있다.

라고 청구취지를 감축하고,

변경한 청구원인

1. 피고가 원고에게 갑제1호증의 현금보관증을 작성하여 교부하고 ○○○○. ○○. ○○.까지 금 11,453,090원을 지급하겠다고 하였으나 그 후 수회에 걸쳐 금 7,019,450원은 지급하고 나머지 금 4,433,640원을 지급하지 않고 있습니다.

2. 원고가 관리하는 거래장부에는 피고가 경영하는 ○○금속으로 관리하고 있는
   데 혼동되어 입금된 금액을 구분을 하지 못한 관계로 일부금액이 누락되어
   착오가 일어 난 것으로 이를 바로 잡고자 합니다.

소명자료 및 첨부서류

1. 갑 제○호증   거래내역서
1. 갑 제○호증   인수증

○○○○ 년 ○○ 월 ○○ 일

위 원고 : ○ ○ ○ (인)

강화군법원 민사 제1단독 귀중

청 구 취 지 및 원 인 추 가
변 경 신 청 서

사　　건 : ○○○○가소○○○○호　손해배상(기)

원　　고 : ○　○　○

피　　고 : ○　○　○

변 경 후 소 가	금	원
(변경후)총인지액	금	원
기 첩부 인지액	금	원
추가첩부 인지액	금	원
접수담당 공무원		
접수인		

○○○○ 년 ○○ 월 ○○ 일

위 원고 : ○　○　○　(인)

양산시법원 민사 제1단독 귀중

청 구 취 지 및 원 인 추 가
변 경 신 청 서

사　　건 :　○○○○가소○○○○호 손해배상(기)
원　　고 :　○　　○　　○
피　　고 :　○　　○　　○

위 사건에 관하여 원고는 다음과 같이 청구취지 및 청구원인을 추가 변경합니다.

- 다　음 -

변경한 청구취지

1. 피고는 원고에게 금 ○○,○○○,○○○원 및 이에 대하여 이 사건 소장 부본 송달 다음날부터 다 갚는 날까지 연 12%의 비율에 의한 돈을 지급하라.

2. 소송비용은 피고의 부담으로 한다.

3. 위 제1항은 가집행 할 수 있다.

라고 청구취지를 변경하고,

변경한 청구원인

1. 청구원인 제3항을 아래와 같이 추가합니다.

- 아 래 -

2. 정신적 손해

　　원고는 피고의 가해행위로 인하여 노동능력상실율이 10% 발생하였는바, 이에 대한 원고의 노동능력상실에 따른 정신적 고통에 대하여 피고는 위로하고 도와줄 의무가 있다 할 것인바, 그 금액으로는 금 ○○,○○○,○○○원이 타당하다 할 것입니다.

소명자료 및 첨부서류

1. 울산지방법원 위자료산정기준안내문(노동능력상실시)　　1통
1. 신청서부본　　　　　　　　　　　　　　　　　　　　1통

○○○○ 년 ○○ 월 ○○ 일

위 원고 : ○ ○ ○ (인)

양산시법원 민사 제1단독 귀중

30. 청구취지 원인 일부변경시청서

청구취지원인일부정정신청서

사 건 : ○○○○가단○○○○호   추심금 청구

원 고 : ○   ○   ○

피 고 : ○   ○   ○

변 경 후 소 가	금	150,000,000 원
(변경후)총인지액	금	655,000 원
기 첩부 인지액	금	230,000 원
추가첩부 인지액	금	425,000 원
접수담당 공무원		
접수인		

○○○○ 년 ○○ 월 ○○ 일

위 원고 : ○   ○   ○   (인)

춘천지방법원 민사5단독 귀중

청 구 취 지 원 인 일 부 정 정 신 청 서

사　건 : ○○○○가단○○○○호　　추심금 청구
원　고 : ○　○　○
피　고 : ○　○　○

　　위 당사자 간 추심금 청구사건에 관하여 원고는 아래와 같이 청구취지확장 및
청구원인 일부 정정신청서를 제출합니다.

- 다　음 -

청구취지확장

1. 피고는 원고에게 금 150,000,000원 및 이에 대하여 금 50,000,000원은 ○
　○○○. ○○. ○○.부터 소장부본이 송달된○○○○. ○○. ○○.까지는 연
　5%의, 금 50,000,000원은 ○○○○. ○○. ○○.부터, 금 5 0,000,000원은
　○○○○. ○○. ○○.부터 청구취지확장 및 청구원인정정신청서가 송달된 날
　까지 연 5%의, 그 다음날부터 다 갚을 때까지 연 12%의 비율에 의한 금원
　을 지급하라.

2. 소송비용은 피고의 부담으로 한다.

3. 제1항은 가집행할 수 있다.

라는 판결을 구합니다.

청구원인일부정정

1. 소장기재의 청구원인 제 1항, 2항, 3항, 4항은 그대로 원용합니다.

2. 따라서 원고는 피고로부터 피고가 소외 장원산업 주식회사에 매월 지급하여

야 하는 월임대료 ○○○○년 7월분(지급일 ○○○○. ○○. ○○.금 50,000,000원), 8월분(지급일 ○○○○. ○○. ○○. 금 50,000,0 00원), 9월분(○○○○. ○○. ○○. 금 50,000,000원) 합계 금 150,00 0,000원 중, 7월분 금 50,000,000원에 대해서는 임대료 지급일 그 다음날인 ○○○○. ○○. ○○.부터 이 사건 소장부본이 송달된 ○○○○. ○○. ○○.까지는 연 5%의, 8월분 금 50,000,000원에 대해서는 임대료 지급일 그 다음날인 ○○○○. ○○. ○○.부터 9월분 금 50,000,000원에 대해서는 임대료 지급일 그 다음날인 ○○○○. ○○. ○○.부터 각 청구취지확장 및 청구원인 일부 정정신청서가 피고에게 송달된 날까지는 연 5%의. 그 다음날부터 완제일까지는 연 12%의 비율에 의한 각 지연손해금의 지급을 구하기 위하여 이 사건 청구에 이른 것입니다.

소명자료 및 첨부서류

1. 갑 제9호증   임대차계약서

○○○○ 년 ○○ 월 ○○ 일

위 원 고 : ○ ○ ○   (인)

춘천지방법원 민사5단독 귀중

■ 편 저 대한법률콘텐츠연구회 ■

(연구회 발행도서)

· 지급명령 이의신청서 답변서 작성방법
· 새로운 고소장 작성방법 고소하는 방법
· 민사소송 준비서면 작성방법
· 형사사건 탄원서 작성 방법
· 형사사건 양형자료 반성문 작성방법
· 공소장 공소사실 의견서 작성방법
· 불기소처분 고등법원 재정신청서 작성방법
· 불 송치 결정 이의신청서 재수사요청

나홀로소송, 지급명령신청, 답변서, 준비서면 작성방법 지침서
나홀로 소송 방법

2026년 01월 05일 인쇄
2026년 01월 10일 발행

편 저 대한법률콘텐츠연구회
발행인 김현호
발행처 법문북스
공급처 법률미디어

주소 서울 구로구 경인로 54길4(구로동 636-62)
전화 02)2636-2911, 팩스 02)2636-3012
홈페이지 www.lawb.co.kr

등록일자 1979년 8월 27일
등록번호 제5-22호

ISBN 979-11-94820-45-1 (13360)

정가 28,000원

이 도서의 국립중앙도서관 출판예정도서목록(CIP)은 서지정보유통지원시스템 홈페이지(http://seoji.nl.go.kr)와 국가
자료종합목록 구축시스템(http://kolis-net.nl.go.kr)에서 이용하실 수 있습니다.

홈페이지 www.lawb.co.kr
페이스북 www.facebook.com/bummun3011
인스타그램 www.instagram.com/bummun3011
네이버 블로그 blog.naver.com/bubmunk